MAKEUP
WHO
YOU ARE.

MAKEUP WHO YOU ARE.

「あなたがあなたらしくあるための、メイクアップ」

「あなたという存在を、メイクアップすること」

何かを隠すためではなく、

他の誰かになるためでもなく。

顔の中にある色を使い、その人に溶け込むメイクアップは、

光と影のコントラストの中でこそ、輝きを放つ。

季節、時間、場所……。

刻々と変化する光を受け、影が落ち、

一瞬一瞬、異なる表情が生まれる。
無数の立体感と奥行き、血色と湿り気を帯びた肌。
溢れる生命力とともにくっきりと浮かび上がる、
あなただけの顔。
メイクアップは主張しない。
ただ、唯一無二の自分の魅力が際立つ。
この美しさを目の当たりにしたとき、
自分の顔を、自分自身を、
愛することができる。

メイクを脱いだ顔。
存在から、意志が見える。生き様が透ける。
素顔を好きだと思えたら、人生は、このうえなく幸せ。
ディファインメイクの究極の目的はそんな顔を創ること。
あなた自身であることが、もっとも美しいのだから。

あなたの顔に、その延長線上にある
影、光、血色を添えてみてほしい。すると、
顔の数だけ、人生の数だけ、美しさがあると気づかされる。
美しさは、自分らしさの先にある、と。あなたを真に
自由にするメイク、それこそが、ディファインメイク。

LOVE WHO YOU ARE THROUGH MAKEUP

"私だけの魅力"が絶対見つかる
自己肯定メソッド

ディファインメイクで自分の顔を好きになる

メイクアップアーティスト
水野未和子

講談社

はじめに

「ディファインメイク」。きっと、どなたにとっても「耳慣れない」言葉だと思います。逆に、私自身は、それが「特別」とは、これっぽっちも思っていなかったのだけれど……。

きっかけは、ある美容誌でモデルのメイクアップを担当した私にインタビューをしてくれたライターの女性のひと言でした。「未和子さんのメイクは、ディファインメイクですね」。顔や目、唇の輪郭をディファインする、立体感や生命感をディファインする……。言われてみれば、私のメイクは、ディファイン＝際立たせることが基本。自分にとっては「当たり前」すぎて深く考えなかったのですが、美容を知り尽くすプロにそれが最大の特徴と言われ、私が目指す美しさや女性像と辻褄が合うのを感じたのです。

プロのメイクアップアーティストとしての経験を重ねるにしたがって、自分の目に映るその人の「魅力」を見つけてメイクをする機会が増えました。そして、幸運なことに、メイクを施した皆さんに喜んでもらうことができ、その笑顔が、自分の求める美しさが真実であると信じさせてくれる。そして、マイペースにそのメイクを追求し続けているのです。

魅力とは無限に湧き出るものだと、私は思います。魅力に満ち溢れた人の顔にメイクをすると、まるでマジックのようにその人自身が輝きます。メイクの存在など忘れてしまうほどに。私は、そんなメイクが好き。メイクは本来そうあるべきだと思うのです。

そこで、ひとりでも多くの女性たちに、自分自身にしかない魅力に気づいてほしい、魅力を際立たせてほしいと思い、考え方からテクニックまで、ひとつひとつ丁寧に綴りました。

ディファインメイクのハウトゥはもちろん、この一冊の「核」。でも、本当に伝えたいことは、その向こう側にあります。メイクによって、メイクを忘れるほどに、自分自身が輝くことを目指して。さあ、ディファインメイク講座、Let's start!

CONTENTS

CHAPTER 1 「自己肯定感」はメイクでつくれる

CHAPTER 2 自分らしさをメイクで「ディファイン」する

CHAPTER 3 基本のディファインメイク

CHAPTER 4

「自分の顔、結構好きだよ」と言える人生は楽しい

CHAPTER
1

「自己肯定感」はメイクでつくれる

MAKEUP AND SELF-ESTEEM

毎日「美人」をメイクしているからわかること

職業柄、私は、日々「美人」にメイクをします。

女優さん、タレントさん、モデルさん……。各界で活躍する大人の女性たちが多いので、雑誌や広告、テレビなどを通し、どこかでその「顔」は皆さんの目に触れていることと思います。

彼女たちを見た人から、それは撮影に携わったスタッフも含めてなんですが、決まって「美人」「きれい」という褒め言葉が聞こえてきます。

メイクをしている私にとっても、それは褒め言葉だから、もちろん、嬉しい！ ただ、そのたび、じつは私、心の中でこうも思っているんです。

「いい『大人』を相手にして、褒め言葉が『美人』とか『きれい』って、軽すぎない？」

彼女たちが美人であることもきれいであることも、紛れもない事実です。均整のとれた顔や体型を持って生まれているのも、確か。

でも、でも……！　彼女たちの美しさを、美人だから、きれいだからと簡単に片づけないでほしい。今の彼女たちに私たちが心惹かれる理由は、単に美人だからじゃない、きれいだからじゃない、つまり「外壁」の美しさだけじゃないと思うんです。

彼女たちは自分の足で一歩一歩進む力強い「生き方」で、日々、「Push the limits」してる。自分の限界を押し広げながら、その人にしかない「魅力」を高め、広げ、創り続けているんです。

自分を知り、認め、愛して、経験や年齢を魅力という力に変えている。自己肯定しているから、魅力が生まれるんです。

色が白い、目が大きい……、理想形という「ケージ」

さらに皆の声に耳を傾けると、「私もこの顔ならいいのに」「こんなふうになりたい」と羨ましがり、二言目には「〇〇さんは色が白いから」「〇〇さんは目が大きいから」と「私とは違う」とエクスキューズをして、結論、「私には無理」となる。

えっ？？？？　違うのが当たり前じゃない？　違うことを嘆いたり憂えたりするって、どういうこと？？？？　諦めなの？　それとも、謙遜なの？　それにもまた、疑問や違和感が湧いちゃうんです。はっきり言って、私には意味がわからないんですよね。

色が白いほうがいい、目が大きいほうがいい、といった実体のない何かを「理想形」と決めたのはいったい、誰？　自分を理想形という「ケージ」に閉じ込めているのは、じつは自分じゃない？　そう問いかけたいのです。

日々、美人に触れている私だから、断言したいと思います。

美人＝魅力じゃない。きれい＝魅力じゃない。魅力とは、ひとりひとりの内側に存在しているもの。ある意味、年齢も性別も国籍もすべてを超えた、ひとりひとりに宿る「人間力」です。

そんな唯一無二の魅力を明確に際立たせて、育み、輝かせていくのがメイクの役割。誰でもどんな顔でも、その役割を果たすメイクを、私はしたい。そう思っているんです。

世間の呪縛、自分が作ったリミットから解き放たれよう

私は、高校を卒業した後、アメリカにおよそ4年、ロンドンにおよそ6年。合計10年の海外暮らしを経て、メイクアップアーティストとして日本に戻ってきました。

日本を離れた当初は、「浦島太郎」みたいになるのが嫌で、友人や現地の専門店を通して日本のドラマや音楽の情報をキャッチアップしようと心がけていたんですが、そのうち、次第に距離ができて……。特に、ブームがころころと変わる日本の情報についていけず、途中からはすっかり疎《うと》くなって海外の感覚が当たり前になっていました。だからこそ余計に、日本に戻ってから、向こうの美意識や価値観との「差」に驚かされることが多くありました。

中でも、今なお感じる、いや、より色濃くなっているように感じるのは、「美の刷り込み」。美の定義、美の基準、美の理想……、すべてがひとつの方向に向いている

ことがどうしても理解できないんです。

わかりやすいのは、「モテ」でしょうか。

ティーンエイジャー向けの雑誌ならいざ知らず、日本では大人向けの雑誌でも、もっと言えば、結婚したり、子供がいたりする主婦向けの雑誌でも、モテという言葉を使うでしょう？　私には、年齢もライフスタイルも超えて、まるでモテが女性の美しさの最上級と煽《あお》っているようにしか見えないんです。

だから、「モテるメイクを教えて」と言われても、私には「ん？？？」。

潤んだ瞳？　ピンクの唇？　不特定多数の男性たちに訴えかけるメイクなんて、まやかし。そんなメイクは、存在しないと思います。

はっきり言います。潤んだ瞳で、ピンクの唇で、いわゆる「男受けメイク」で騙せるような男性なんて、大したことない！　そんな男性を追いかけて、どうするの？

素敵な男性が一緒にいたいと思う女性になりたいなら、つまりは本当の意味でモテる女性になりたいなら、鍛えるべきは人間力だと思うの。意志や奥行き、そして余裕……。ある意味、女性という性別を超えた先にある、真の強さや真の優しさがないと、無理だと思うんです。

今、モテると思われている女性は、じつは、男性にモテているのではなくて、男性にモテたいという女性にモテているんじゃないかと思います。

男性にモテる(と思われている)女性の真似をすれば、私もモテる。この人と同じメイクやヘアスタイルにすれば、この人と同じ服を着れば、モテる。この人が使っているなら、この人が勧めているなら、安心、間違いない。よし、買っちゃおう! ほら、自分の目でジャッジしていないあなたは、もしかしたら、化粧品や服を売るための、いい「カモ」になっているだけかもしれませんよ。

それではいつまで経っても、モテどころか、あなた自身の魅力は埋もれたままだと思います。もったいないと思いませんか?

肌も瞳も髪も似通った色、だから生まれる「真似」のカルチャー?

そもそも私たち日本人の多くは、肌、瞳、髪、すべての色が似通っていますよね。

民族的に「差異」が少ないからこそ、あの人のようになりたい、この人のようになりたいと誰かの真似をしやすい。メイクやヘアスタイルを同じようにするだけで、同じように見える……、それもこのカルチャーを創った大きな要因なのかもしれません。

すべてを年齢軸で捉えて、少しでも若く見せたいと、女性たちががむしゃらになるというカルチャーも、もしかしたら、「差異」が少ないからこそ「微差」にこだわるという民族性から生まれているのかもしれませんね。

他人の真似をしやすいから、肌が白いほうが、目が大きいほうが、ひとつでも若いほうが、という美しさの物差しを持ちやすいし、持った途端、その方向へまっしぐらに向かいやすい。ときに、過去の自分さえも真似の対象になっているのを感じます。

日本のカルチャーが、女性を小さく小さく閉じ込めているのかも。そうして、世間の呪縛に囚われ、自分が作ったリミットに囚われ、自らがんじがらめになっているように、私には見えるのです。

人のことばかり見ていないで、自分を見よう。年齢も含め、ありのままの自分を受け入れよう。自分をもっと、大切にしよう。まずは、そこからスタートしなくちゃ！

「枠」や「型」からはみ出したところが、私らしさ

私は小さいころから「型破り」な子供だったのだと思います。それを物語るエピソードをいくつか。

幼稚園のとき、先生にバナナの絵を渡されて「好きな色に塗りなさい」と言われたから、紫色に塗ったんです。そうしたら、怒られた、怒られた！　好きな色にと言われたから、いちばんきれいに発色する紫色を使ったんです。バナナが黄色だってことくらい、わかってる！　ただ、黄色じゃ物足りないと思ったの。でも、先生は「うわっ、この子、大丈夫？」という反応だった。きっと、「変な子」と思われたんですよね。今なお記憶にはっきりと刻まれているほど衝撃的なできごとでした。

古着に夢中になった中学時代。3年生のとき、こつこつ貯めたお金で、憧れのマリークヮントの口紅を買いに行きました。それも、ダークな赤を。パッケージに施さ

れたキュートな花柄も、60年代の象徴であるツイッギーのイメージも大好きで、学校の帰りにカウンターに寄っては、こっそり試していて、いつか絶対に買うんだ、と心に決めていたのです。ところがいざ買おうとしたら、ビューティカウンセラーの人が半ば叱るように「まだ、早いわよ！」と言って、売ってくれなかったの。このことがのちのち、バネになった気もするけれど、そのときはすごく悔しい思いをしましたね。

高校時代は、音楽に夢中になって、よく仲間と集まっていました。そこにいる人たちは、聞く音楽によってそれぞれ、ファッションやメイクに個性があって、観察するだけでどきどきさせられました。私も見様見真似でメイクをして、楽しんでいましたね。自分で言うのも何ですが、結構上手かった（と思う）！　親にはことあるごとに、怒られていましたけど。

改めて振り返ると、「怒られっぱなし」の異端児だったことに気づかされます。まわりと違ったし、モテなんて縁がなかったし。でも、はみ出した部分こそが、私らしさなんですよね。だからこそ、まわりの人や世間に対しても、枠や型にはめることなく、自由な視点で見ることができるのかもしれない、今ではそう思っているんです。

アメリカ・オレゴンで過ごした経験が教えてくれたこと

高校卒業後、すぐに、アメリカに行くことにしました。まったく自覚はなかったものの、私は日本にありがちな枠や型を窮屈に感じていて、狭い世界から抜け出したい、インターナショナルになりたいと思っていたのかもしれません。

留学先として選んだアメリカ・オレゴンには、今も仲がいいふたりの中学の同級生が先に留学していたので、すんなりとその方向性が決まり、向こうでの暮らしにもごく自然になじみました。まだ、アイデンティティが確立しないままに行ったのも、私にとってはよかったのだと思います。

アメリカにいた話をすると、必ず「メイクアップアーティストになるために行ったのですか?」と聞かれるんですが、じつはそうじゃないんです。メイクは好きだったけれど、メイクアップアーティストになりたいとか、なろうとか、当時はこれっぽっちも考えていませんでした。

私が暮らしていたユージーン（今でもいちばん美しい町だと思っている！）は学生の町で、「自由」を絵に描いたようなところでした。外見も言動も「Are you crazy?」と問いたくなるくらい、ユニークな人がたくさん。リアルヒッピーが暮らし、今でこそ日本でも話題の「オーガニック」や「サステイナブル」、「エシカル」や「ビーガン」なども生き方として当たり前に存在していました。川で泳ぐのに水着を着ていたらじろじろ見られるほど、裸が当たり前だったし、バックパックに「マイボトル」を引っかけ、それにコーヒーを入れて飲むのも当たり前だった。もしあの頃から彼らのように私たちが生きていたら、環境も地球も、もっときれいだったに違いありません。

アメリカは、肌の色も瞳の色も髪の色も、背景にある宗教だって思想だって、ばらばら。皆、意志を持ち、信念を持ち、フィロソフィを持っていて、互いにそれに対して干渉することはありませんでした。当然、ファッションもメイクも、思い切り自由。皆、それぞれがオリジナルで、見ているだけでわくわくさせられました。

私はルームシェアをしていたので、ハロウィンを始め、皆で出かけるときは、ルームメイトに「ミワコ、メイクをして」とよく頼まれていました。きっと、上手だったんだと思う！　私も好きだったので、喜んでメイクをしていましたね。

そんな日々を送る中で、アメリカのビューティ雑誌『allure』を、月に一度の楽しみとして愛読していました。そこで見る、名だたるメイクアップアーティストたちのメイクがあまりに美しくて！　編集部宛てに「メイクアップアーティストになるためには、どうしたらいいのですか？」と手紙を書いたんです。すると……、なんと、編集部から返事が届いた。具体的な答えが書いてあったわけではないけれど、その手紙に背中を押されたんですね。それが、メイクアップアーティストになりたいと明確に決心した瞬間でした。

メイクの歴史を考えると、アメリカよりヨーロッパ。そこで、いろいろな学校を調べ、実際に見学をして、自分が目指したい方向を模索した結果、London College of Fashionへ。こうして、アメリカを離れることになりました。

アメリカ・オレゴンでは、誰もが力強く生き抜くための「立ち位置」を自ら獲得しているように見えました。ここで学んだのは、あなたはあなた、私は私、個として自由であるということ。誰もが「Nobody」でなく「Somebody」であること。多様性も可能性も、無限であること……。

時代は、ルッキズムや年齢差別の否定へ

今、世界中で、もちろん日本でも、見た目や年齢に対する差別をなくそうという動きが急激に高まりつつありますよね。

ビフォーコロナ、アフターコロナと、前後で分けるのは好きじゃないけれど、世界中がコロナ禍というものを共有したことによって、より地球はひとつという意識が高まったはずです。あらゆるボーダーをなくして、同じ地球人として、力強く、でも柔軟に、生き生きと生きたいと思う。誰もが、そう感じているんじゃないでしょうか？

だから、「私なんて」も「モテなくちゃ」も、「どこかへ行っちゃえ！」と思う。自分は自分、でいい時代が、ようやくやってきたんです。

ヒントは、私たちが男性の魅力をとらえる視点

ずっと思っていたことがあるんです。

それは、「どうして、男の人を見る目で、女の人を見ないの?」という、極めて単純なこと。

男の人を見るときに、私たちは、「外壁」だけで判断しませんよね?

顔が格好いいから、背が高いから、イコール魅力的、そうじゃない人は魅力的じゃない、とは測っていないはずです。

若いころならまだしも、ある程度大人になると、どれだけ外見が整っていても、顔や体型を自慢に思っている人や、体裁ばかりを気にしている人、年齢を重ねることを恐れたり拒んだりしている人は、どこか軽薄に感じません? 「外見は、格好いいけど、ね」とむしろ、馬鹿にするところもあるんじゃないでしょうか?

仕事に一生懸命打ち込んだり、好きなことを極めたりして、自信に満ち溢れている人は、すごく格好いい。年齢や経験を味方にし、シワや白髪などいわゆる老化のサインさえも味わいになっている人は、すごく素敵。人生が「顔」になっている男性に、私たちは惹かれるはずです。

また、仮にその人にいわゆる理想から外れた「欠けている点」、普通からかけ離れた「変わっている点」があっても、その不完全さや異彩ぶりが、かえって、唯一無二の個性として「愛すべきもの」になりうると思うんです。

つまりは、10人いたら10人、100人いたら100人に好かれようとする「モテ」などまったく意味がない、それよりもその人にしかない魅力が溢れていることのほうが大事だってこと、私たちは知っているはずなんです。

男性と女性を見るとき、なぜ「物差し」が変わるの？

それなのに、どうして、女の人に対しては、見方が180度変わるのでしょう？

顔や体型、もっと言えば、若く見えること……、そんな表面的なことばかりに目を向けてはいないでしょうか？

特に、自分のことになると、もっともっと顕著。表面で美しさを測ろうとしている気がしてならないのです。

「外見だけで人の魅力を測らない」というこの法則は、欧米では男女ともに成立します。でも、日本では成り立たない……、それが残念でならないのです。

男の人を見るように、女の人を見てみてほしい。好きな男性に向き合うように、自分に向き合ってみてほしい。

すると、見えてくるはずです。自分に対する今までの「物差し」はもう、手放していい、って。

メイクはそこで初めて意味を持つと、私は思います。

「自分の顔、結構好きだよ」と言えたら勝ち

自分の「離れた目」が嫌いでした。いや、じつは……。正直言うと、それに対して、気にしたり、がっかりしたりしているわけじゃ、なかったんですよね。そもそも、自分が特別とは思っていなかったし、自分の見た目に期待をしていなかった。だって、クリスティ・ターリントン（90年代のスーパーモデル）になれるわけないじゃない？　当たり前だけど！　私は私なりのよさを探していくしかないと思っていたんです。

だから、目が離れているという事実は認識していたけれど、この目をなんとかしたいとか、あの人みたいになりたいとか、そんなふうに思ったことはありませんでした。

そんなあるとき、友人に、ビョークに似ていると言われたんです。当時、ビョークやケイト・モスなど、「ファニーフェイス」に注目が集まった時代。個性が際立つ美しさに、私自身、ファッションにおいてもメイクにおいても美の概念が大きく変わっ

たのを感じていました。心の中では少しだけ「ビョークは確かに可愛いけれど、ビョークに似てるというのは微妙だなあ」と苦笑いしながらも、私自身が彼女たちに対して、「うわあ、可愛い！」と思っていたから、素直に嬉しかったですね。また、目が離れているケイト・モスのアイメイクを参考に、私も目の輪郭をアイライナーで囲ってみたら、目の印象がぐっと強まることに気づいたんです。

離れた目、結構いいじゃん。離れた目、結構好きだよ。自分に対して、はっきりとそう思えるようになったのです。

欠点？　コンプレックス？　私から見たら唯一無二の魅力

メイクをしていると、理想形にはまったありきたりの美しさよりも、むしろ、その人にしかない魅力に目が行きます。「目の下の影が、色っぽいよね」「頬の位置が高くて、格好いい」「生え際の産毛、可愛い」などなど。

でも、そんなふうに褒めると、かなりの確率で「あまり好きじゃないんです」と言う。私がその人の魅力だと思う部分に限って、本人は欠点だと思っていたり、コンプレックスを抱いていたりするケースが多いんですね。えっ、私は「長所」だと思うけど!? それがあなただけの素敵さなのに、と驚かされるんです。本音なの？ それとも、謙遜しているだけ？ これもまた、私にとっては「？？？」なんです。

一方、海外から日本にやってきたモデルたちにメイクをしているときに、「あなたの○○が素敵ね」と褒めると、決まって、こんな答えが返ってきます。

「Yeah, I know!」

その笑顔は、とても気持ちがいいもの。自分が自分でありたいと、ありのままを知り、認め、愛していることがストレートに伝わってくる。じつは、こういう人ほど、見た目だけに囚われず、自分を客観的に見つめている気がします。

自分にないものをわざわざ見つけて、勝手に傷つき、落ち込んでいる。誰もそんなこと、言っていないのに、自分で自分を下げるなんて、大間違い！

自分を見ましょう、他人ばかりを見ていないで。

メイクは、「ブラジャー」みたいなものである

メイクは、ブラジャーと一緒。そう言ったらきっと、驚きますよね？　でも私、ずっとそう思っていたんです。

自分の胸をどう見せたいかで選ぶブラジャー。自分の顔をどう見せたいかで選ぶメイク。服によって見せ方を変えたり、つけ心地も大事だったり。寄せて上げて見せかける「矯正」系もあれば、スパンコールやレースで派手に気取る「装飾」系もあり。

メイクを語るのに、ブラジャーに例えると、とてもわかりやすいと思うんです。

私は、日本で理想とされている「大きくハリのある胸」には憧れていません。そう見せるブラジャーは、好きじゃない。私が愛用しているのは、余計な装飾をそぎ落としたようなシンプルでミニマムなもの。自分の胸に寄り添って、輪郭をきれいに整えてくれる、つまりはディファインしてくれるものです。

ブラジャーに胸を合わせるの？　胸にブラジャーを合わせるの？

日本でブラジャーを買いに行くと、「着ける人の胸に沿う作り」ではないことに気づきます。下がっていちゃいけない、広がっていちゃいけない、ボリュームがなくちゃいけない、胸の上に大きくハリを持たせるように余計な肉までもカップに入れ込んで形にする「サイボーグの理想形」になっている気がしちゃうの。

それは、私には「自分の胸の形なんて、無視したほうがいい！」って言われているみたいで、とても不思議だと思っているんです。

私の場合、日本では、どうしても自分の胸にきれいに沿うカップとアンダーの作りのものが見つけられないから、カップで選んで、アンダーや肩紐を自分で直します。いつも下着売り場の店員さんには怪訝な顔をされて、ときには「このブラジャーは、あなたの胸に合いません」と怒られたりするけれど！　人の言うことをまっすぐ聞き、きちんと従う日本の女性たちはきっと、そんなことしないですよね？

日本におけるブラジャーの販売マニュアルには、胸はより大きく、より上げて見せるものと書いてあるのかもしれません。店員さんたちは、それに従順に従い、勧めているだけだと思うんですね。でも、私は若いときの胸よりも年齢を重ねてからの胸のほうが好き。以前は、胸の上のハリが邪魔だと思っていて、ようやく今になって、好きな洋服を好きに着こなせるようになりました。

アメリカにはアメリカの、フランスにはフランスの、イタリアにはイタリアの、それぞれの女性に「こんな胸が素敵」という主張があり、見せ方はいろいろだと思うけれど、日本ほどがちがちに決め込んで、ひとつの理想形に近づけるよう抑えつけているる国は、ほかにないんじゃないかな？　皆が皆、大きくてハリのある胸が好きなわけじゃないのに。

ソバカスは消すもの、まつ毛は上げるもの……、そう決め付けているメイクと同じだと思いませんか？

それぞれが違っていいんです。その人の見せ方があっていいんです。自分の胸、結構好きだよ。自分の顔、結構好きだよ。それがいちばんなんだもの。

「好きな服」を纏《まと》うように、「好きな顔」を創る

じつは、まわりの女性たちと会話をするたび、こうも思っていました。

「好きな服」はあるのに、「好きな顔」がない。「自分らしい服」はあれこれ浮かぶのに、「自分らしい顔」と聞かれると、途端に答えに困る。それはいったい、なぜだろう？　って。

服を選ぶとき、「体型カバー」だけを考えているでしょうか？

もちろん、着られる着られない、似合う似合わないなど、大前提として体型との折り合いはつけていると思うけれど、ただ、それよりも先に「好き」や「着たい」という気持ちがあるはず。その気持ちには、「私って、こういう人間なんです」という個性の主張がある気がするんです。

ところが、メイクとなると、途端に視点が「カバー」や「カモフラージュ」が主に

なりません？

一重の目をなんとかしたい、目の下のクマが気になるといったコンプレックスや、シミやシワ、くすみやたるみなどのエイジングを隠したりごまかしたりするという目的になりがちだと思うんです。

自分にしかない個性を際立たせるというよりは、理想や平均に近づけようとするメイクに躍起になっている気がしてならないの。

もし、好きな服を着るように、好きな顔を創れたら。このうえない自信になるはずなのに。

それは、コンプレックスやエイジングにばかり目を向けるのとは逆で、自分を知ること、自分を認めることになると思うんですよね。

すると、メイクが義務から楽しみに変わるんじゃないかな？

メイクは楽しむもの、自分を楽しませるもの。

服を選ぶ感覚で、メイクに向き合ってほしいと思うんです。そう、悩みでなく、ときめきに正直に。

年齢は、正直まったくハンデではない！

これも、日本特有のものかもしれませんが、大人の女性たちが「私、もう○歳だから」と言うのをよく耳にします。

一年に一歳、歳を取る。それは、誰でも平等ですよね？

それなのに、「もう、若くない」とその年齢に対して落ち込む……。私にとっては、「What?」という気持ち。正直、意味がわからないのです。

もし、思い描いていた目標に到達できていない自分、年齢に追いついていない人間力に落ち込むのであれば、理解できます。

でも、そうなら、まさに自分自身を磨いたり鍛えたりすることに目を向けるべきであって、表面の若さに執着することは、解決にも何にもならないんじゃないかと思うんです。

むしろ、年齢を重ねるほどに「若さ欲」や「きれい欲」が強すぎるのは、どこか軽薄に見えるんじゃないか、と。ねっ、自分が男性を見る目を思い出して！

私たちは、「美少女コンテスト」に出るわけじゃないんです。

美少女コンテストは、若さと美しさの競い合いかもしれないけれど、でも、よく考えてみて！　その賞金は、お父さん、お母さんのもの、だと思いませんか？　だって、生まれつきの容姿は両親からのギフトだから。

でも、いい歳をした大人は、そうじゃない。大人の顔はもう、生まれつきのものではないんです。

年齢を重ねれば重ねるほど、容姿は自分で創るもの。何を感じて、何を考え、どういう言葉を選び、どういう行動を取るか、それらすべてが、顔を創る。喜びや悲しみなどさまざまな経験を糧にして自分で創り上げるもの。だから、その人にしかない魅力になる。そう、大人の顔に対する賞金は、自分のもの！

もちろん、シミが気になる、シワが気になる、それも正直な気持ちだと思うし、よくわかります。

だから、メイクがある。メイクの力を借りて、自信に変えれば、顔を上げることができる、胸を張ることができる、堂々と笑っていられる！

そうして生き生きしている人は、不思議と若く見えるもの。若く見える人が魅力的なんじゃない、魅力的な人が若く見えるのです。

さあ、若さへの執着を手放して！　あなたの魅力に気づいて！

顔と心の関係。なぜメイクと自己肯定感が直結するのか

あえて、「自画自賛」をします！

私がメイクをすると、女優さんやモデルさんたちが自分の顔を見て、「あっ、可愛い！」と声を弾ませたり、「うわーっ、きれい」と溜め息のように漏らすことがあります。

中には、こう言ってくれた人もいました。

「未和子さんのメイクは、『私じゃないみたい』というよりも、『私って、いいかも』と自分の顔を好きにさせてくれるんです」

このうえない褒め言葉。

なぜなら、メイクによって最高の「自己肯定」が生まれていると感じるから。「自分の顔、結構好きだよ」というメッセージにも聞こえるからです。

本音を言うと、言葉を聞くまでもなく、私は彼女たちの表情が輝きに満ち溢れているのを見て、心の中で「メイクは、大成功！」と小躍りしているんですよね。

もちろん、表現したいテーマや女性像があってメイクをするときは別だけれど、そうでない場合には、私は「誰かほかの人のように変身させる」メイクでなく、「その人の延長線上にある最大限の魅力を引き出す」メイクを心がけています。理想形に近づけるのでなく、私がその人の魅力をたくさんたくさんキャッチして、明確にして強調するんです。

だからきっと、「別人のように美しい」でなく、「自分が美しい」と思ってくれるのだと自負しているのです。

自分の顔を、コンプレックスやエイジングなど自信のないところまでも、好きになれたら。つまりは、誰かみたいになるのでなく、唯一無二の自分自身になれたら。それこそが、誰も奪うことのできない魅力に違いない！

私が提案したいのは、そんなメイク。魅力を際立たせて、表情を輝かせるメイク……！

CHAPTER

2

自分らしさをメイクで「ディファイン」する

自分らしさ＝魅力をくっきりさせる「ディファインメイク」

そこで、皆さんに提案したいのが、「ディファインメイク」です。ディファインメイク？　きっと皆さん、初めて耳にする言葉ですよね。

じつは私自身、このメイクがユニークなものとは、まったく意識したことがありませんでした。

ところが、女性誌や美容誌で、メイクの「ハウトゥ」の取材を受ける中で、あるとき、ライターさんにこんなふうに指摘されたんです。

「未和子さんのメイクって、『ディファイン』が最大の特徴ですね」

メイクの仕方を説明するとき、ことあるごとに「ディファイン」という言葉を使っていたようなのです。

はっとさせられました。確かに。そうだ、私が貫いてきたのは、ディファインメイクだったんだ！　と。

「define」とは、輪郭をはっきりさせるという意味。つまり、その人がもともと持つ顔の形や立体感、目や唇などのパーツを際立たせるメイクです。

それは、コンプレックスやエイジングなどの欠点を「カバーする＝隠す」ものではありません。それは、理想に近づけよう、誰かの真似をしようと「カモフラージュする＝ごまかす」ものでもありません。

つまりは、マイナスをゼロにするのでなく、ゼロをプラスにするのでもなく、もともと持っているプラスをもっともっとプラスにしようというメイク。

１００人の顔を決まりきった「テンプレート」にはめ込むわけではありません。それでいて、誰にでもわかりやすく、誰にでもあてはまる、１００人いたら、１００通りの顔ができあがるメイクなのです。

もし、このメイクによって、自分の顔の「長所」と思っていたところにさらに自信を持てたり、「短所」と思っているところさえも、結構好きと思えたりしたら、最高！　私にとっては、それこそが、メイクの意味であり、価値でもある。そう信じているんです。

ディファインするのは「輪郭」、「凹凸」、そして「生き生き感」

実際にディファインするのは、大きく捉えると「輪郭」「凹凸」「生き生き感」の3つです。

輪郭とは、顔の輪郭、目や唇などパーツの輪郭。

凹凸とは、顔全体の立体感やメリハリ。

そして、生き生き感とは、生き生きと生きている人の温度、湿度、血色。

すなわち、目立たせたくないものを影を強めることで潔くそぎ落とし、際立たせたいものを掘り起こして光を集める。こうして、その人自身の「フレーム」をはっきりとさせて、そこに生き生きとした印象を吹き込む。

すると、結果、その人にしかない個性がぐっと浮き立って、目に飛び込んでくるんです。

こんなふうに言うと、「高度なテクニックがいるんじゃない？」「ステップがたくさんあって面倒なんじゃない？」という声が聞こえてきそうですね。

いえいえ、まったくそんなことはありません。

ディファインメイクは、誰でもできる、ベーシックでシンプルな「基本のき」。いわば、それさえマスターすれば、世界中どこでも生きていける、誰とでもコミュニケーションが図れる、「中学英語」です！

ぜひ、気楽にトライしてほしいと思います。

光と影を味方につけると、自分の顔がぐっと浮き立つ

もう少し、詳しく説明します。

ディファインメイクは、言い換えると、「光」と「影」を味方につけるメイクです。そぎ落としたいところには「影」を入れて、ぐっと「奥に行く」ように。際立たせたいところには「光」を入れて、ぱっと「手前に来る」ように。

メイクの光と影で生まれる目の「錯覚」で、輪郭や凹凸がくっきりはっきり浮き立つように「掘り起こす」んです。

こうして、浮き立ってくるのは顔の輪郭や凹凸だけではありません。不思議なもので、メイクという見た目によって、その人自身の意志や感情など生きる姿勢みたいなものが、くっきりはっきり浮き立ってくる。

だから、「誰かみたい」じゃなく「自分らしい」が際立ってくるのです。

アール・デコを代表する女流画家、タマラ・ド・レンピッカを知っていますか？彼女が描いた肖像画を思い浮かべてみてほしいのです。

配色や濃淡で光と影を表現、それらが織り成す強烈なコントラストでエッジを立たせ、人物の顔や身体の「フォルム」、肌の「質感」をくっきりはっきり浮かび上がらせています。思わず目を奪われる圧倒的な存在感と、内面にまで興味が湧くような神秘性。たくさんの言葉を尽くすまでもなく、一目瞭然ではないでしょうか？

ヨーロッパで学んだメイクアップアーティストやフォトグラファーは、誰もが少なからず、レンピッカの絵画に影響を受けていると思います。私ももちろん、そのひとり。光の当たり方と影のでき方を理解するのに、今も役立っているんです。

ただ、レンピッカの絵画を例に挙げると「たくさんの色を使うの？」「何層にも重ねるの？」と思われるかもしれませんね。でも、決してそうじゃないんです。

絵のように色彩や濃淡で見せる光と影でなく、質感で感じさせる光と影。「目に見える差」と言うより、「脳が感じる差」、と言ったら、わかりやすいでしょうか？　それくらい、自然なんです。

ヒントはモノクロの強さ、奥行き……、最小にして最大のメイク

そもそも、なぜ私は、ディファインメイクが「メイクの本質」と思っているのだろう？　改めて、考えてみました。

思い返せば、私はもともと、「モノクロ」の世界が大好き。今も変わらず、写真も映画も、モノクロの美しさについ、引き込まれます。

モノクロは、言うまでもなく、「色」という要素をすべてそぎ落とした中にあるものですよね。カラーよりも、得られる情報は少ないはずです。

肌はどんな色？　髪はどんな色？　アイラインは、口紅は、どんな色……？　すべて、「正解は見えない」のです。

でも、だからといって、要素がないぶん、印象が弱くなるかと言えば、決してそうではないでしょう？　むしろ、カラーよりも存在感が際立ち、カラーよりも想像力をかきたてることもあると思うんですよね。

要素がたくさんあることによって、かえって、印象がぼやけることがある。要素がたくさんあることによって、心に届かなかったり記憶に残らなかったりすることがあると思うんです。

余計なものをそぎ落として、そぎ落として、そぎ落とすからこそ、ぐっと存在感が際立つ。だからこそ、その奥にある人物像にまで興味が湧くし、想像力もかきたてられるのではないでしょうか？

隠したりごまかしたり、逆に飾り立てたりすると、それが余計な要素になって、その人らしさに目が向かなくなる。余計なことをしない「最小限」だからこそ、その人らしさにフォーカスが当たり、魅力が「最大限」に引き出されるんです。

ベーシックで、シンプル。普遍で、不変。難解でも奇抜でもありません。

そう、だから「中学英語」なの！

生き生き感を吹き込むために、肌を「汚して」「濡らして」「温める」

そぎ落として、掘り起こして、輪郭と凹凸を際立たせるディファインメイク。もうひとつ、ディファインしてほしい、大切な大切な要素があるんです。それは、生き生き感。

生き生き感とは、人形でもなく仮面でもない、絵画でも写真でもない。まさに、今、生き生きと生きている人間の色、人間の質感、人間の息吹。すなわち、温度や湿度、血色を加えて、血を通わせるということです。

ヨーロッパの「お化け」を想像してみるとわかりやすいと思うの。透き通る青白さやひんやりとした質感は、ある意味、とてもきれいですよね？　もちろん、私も実物を見たわけじゃないけれど！

ただ、温度も湿度も血色も感じないお化けとは、一緒にいたくない！　興味も湧かない！

私たちが一緒にいたくなる、もっと知りたくなるのは、元気そうで楽しそうで幸せそうな表情をしている人。人としての生き生き感が目に飛び込んでくる顔だと思うのです。

あえて、「メイクして数時間後」のこなれた印象を創る！

血色は、言うまでもなく、主にチークで補います。

そして、温度や湿度といった生き生き感をディファインするために、私は、肌を汚し、肌を濡らし、肌を温めます。

汚す？　濡らす？　温める？　えっ、どういうこと？　そう思う人もきっと多いはずです。

端的に言えば、汚す、濡らす、温める、はメイクを自分の一部に溶け込ませるための重要なステップなのです。

私、じつは「メイクは崩れないほうがいい」とは、まったく思っていません。メイクをして、数時間後のほうが、時間とともに自分の体温や呼吸で出てきた皮脂や汗とメイクがいい塩梅でブレンドされて、ツヤになったり柔らかさになったり。

メイクが独り歩きしない、自分らしい顔になるからなのです。

例えば、ディナーが始まる午後7時より、ディナーから帰ってきた午後11時の顔のほうが、なんだかいい感じ、と思うこと、ありませんか？

例えば、髪を巻いてすぐのくるんとしたカールよりも、一日を終えて、家に帰ってきたときの、ほどよく落ちたゆるっと無造作なウェーブのほうが、なんだかいい感じ、ということがあると思うのです。

銀座の高級クラブのママさんみたいに、つねに「完璧」が求められる場合は別として、日常を生きている私たちが、いちばん自然に見えて、思い切り笑えて、その人らしい個性が浮き立ってくるのは、この「なんだかいい感じ」のときだと思うのです。

その状態を創るために、私は、あえて、肌を汚したり、肌を濡らしたりして、生き生き感を仕込む＝「肌を温める」のです。

メイクの仕上げに、ブラシに残ったシェイディングカラーをささっとラフに纏《まと》わせて汚し、フェイシャルミストをしゅっと吹きかけて濡らし、メイクをなじませる。すると、肌が温まる、すなわち、メイクが自分の一部になるんです。

こうしてディファインされた顔なら、いつでもどこでも、自分らしくいられる、堂々としていられる！

さあ、この顔で「Let's go!」。

顔にない色は使わない、だから「私」の延長線

ディファインメイクが極めて自然で、違和感なくその人らしく仕上がる、もうひとつの秘密。それは、「顔にない色は使わない」ということです。

肌や頬、瞳や唇、眉にまつ毛……、そして、光と影によって生まれるグラデーション。

顔にある色を使って、輪郭や凹凸を際立たせながら、生き生きと生きている温もりや息遣いを足すのです。

顔にない色を使わないから、浮かない、沈まない。顔にない色を使わないから、光も影も血色も、すべてがその人の一部であるかのように溶け込む。

だから、その人自身の延長線上にある顔ができあがるんですね。

その顔は、「メイクがきれい」でなく「人が素敵」となるはずなのです。

少しだけ自慢をすると、私は、女優さんやモデルさんにメイクをしたときに、よく、「何か、違うよね」と言われます。彼女たちがどういう意味でこの言葉を選んでいるのかはわかりませんが、私にとっては、最上級の褒め言葉。だって、特別なことをしているわけではないのに、メイクが目立つわけではないのに、いつもと何かが違う、のだから！

このディファインメイクを自分のものにしたら、きっと、まわりの人たちが見たときに、「あれっ、何かいいことあった？」みたいな、何か違う、という褒め言葉が聞けるはずです。

きれいなラッピングで飾るのでなく、中身を充実させる

ディファインメイクは、きれいなラッピングで飾るのでなく、中身を充実させるメイクだと、私は思っています。

表情が先に見えて、メイクがあとから追いかけてくる、みたいな。メイクをしてい

るのはわかるけれど、メイクによって変わったわけじゃないと思わせる、みたいな。

つまりは、メイクが独り歩きしない、その人の魅力がメイクを超える顔。だから、「何か、違うよね」。元気そう、楽しそう、幸せそう。生き生きと生きている時間が透けて見えると思うんです。

きれいなラッピングで中身を覆い隠すようなメイクでは、瞬時の華やかさは生まれても、ラッピングを剥がしたら、また元通り。自分自身を好きになるという、本物の自信にはつながらないと思うんですよね。

もちろん、ラッピングが悪いわけでは決してなくて、カラフルなペーパーや、きらきらのリボンは、自分をもっと遊ばせたい、楽しませたい、そんな特別なときにどんどんトライすればいい！　ディファインメイクが中学英語だとしたら、ラッピングメイクは応用英語なのだから。

光も影も血色も、私に備わっている私の一部。私の中身を語り出し、私の魅力が際立つ顔。その顔を毎日毎日積み重ねることが、一生ものの自信を創るんです。

ディファインメイクは時代を超えて、ぶれない、ずれないメイク

私が学生時代を過ごしたアメリカ・オレゴンでは、当たり前のように存在した、オーガニックやサステイナブルのカルチャーですが、つい最近まで、日本では「?・?・?」でした。ところが今では、急激に話題になり、そう遠くない未来にはすっかり定着するのだろうと思います。

SNSが普及した現代にあって、もはや、年齢も性別も、人種も国境も、どんどんボーダーがなくなる方向へ。価値観も美意識も、多様化が進んでいます。

しかも、世界中に広がった、コロナ禍という誰も予想しえなかった未曾有の出来事は、多様化が進む中で「自分軸」がぶれない、ずれないことがいかに大切かを教えてくれた気もしています。

それに比べれば取るに足らないことかもしれないけれど、マスクをつけて出かける

ことや、できる限りリモートワークを心がけることも、もはや、これからの時代は当たり前のことと捉えるべきなのでしょう。

「マスク着用のときのメイクは？」とか「オンライン会議のときのメイクは？」などという質問を受けることも多いのですが、じつは私、心の中では「いつもと同じでいいんじゃない？」と思っています。

だって、ディファインメイクは、自分らしくあるためのメイクだから。堂々としているためのメイクだから。

顔の上半分しか見えないマスク姿でも、服がほとんど見えないオンラインでも、表情が輝くメイクなら、きっと相手にプラスの印象を与えるはずなのです。

そして、誰にも会わない、どこにも行かない、それでも自分らしい一日にするために、メイクをしたっていい！

ぶれない自分軸、ずれない自分軸。これからの時代を逞しくしなやかに生き抜くためにも。きっとディファインメイクがあなたの軸を太く強くしてくれる、そう信じています。

CHAPTER 3

基本のディファインメイク

BASICS OF DEFINING MAKEUP

メイクを始める前に、まずは自分の顔と向かい合う

自分の顔を客観的に見ている人は、意外と少ないもの。つねづね、そう感じていました。たとえば、「もっと目を大きく見せたい」と気にしている人がじつは、目が大きかった、みたいに。実際に、以前、目が小さいと気にする女性にメイクをしてみたら、ビューラーの幅が足りないくらい横長で、決して小さくなかった、ということがありました。むしろ、目は大きいほうなのに、縦幅のある「丸い目」ではないから、目が小さいと思い込んでいたみたいなんです。

まずは、客観的な視点で自分の顔を把握することが大切。

そこから、魅力を際立たせるディファインメイクが始まるのだから。

1 自分の顔のモノクロ写真を用意します

まず、自分の顔のモノクロ写真を用意します。

モノクロ写真だと、**色の要素がないぶん、顔全体の骨格や、パーツごとの輪郭などを明確に捉えやすい**からです。

ノーメイク、またはナチュラルメイクで、表情を作らない顔を、首、デコルテまでフレームに入れて、自然光のもとで真正面から撮影します。

光で明るくなりすぎて白く飛ばないように、また、明るい部分と暗い部分のコントラストが強くなりすぎないように、注意します。

そして、できる限り実物大に近いサイズで、紙にプリントアウトします。

私はLondon College of Fashionに通っていた時代に、メイクとともに写真のことも学んだのですが、大学の課題で、もともと興味があった「モノクローム・フォトグラフィ」をテーマに研究を進めながら、この方法を思い付きました。

モデルのコンポジット（オーディションなどで使われる写真）は、基本的にその人の顔がわかりやすいようナチュラルメイク、あるいはノーメイクに近いものが多く、それをたまたま、モノクロにしてみたのがきっかけです。

モノクロにすると、カラーでは見えていなかったものがいろいろと見えてきて、**ディファインの方向性がわかりやすい**と気づかされたのです。

以来、学生時代のモデルのテスト撮影時には、事前にモノクロにしたコンポジットでその顔を観察、分析して、メイクのイメージトレーニングをしてから、臨んでいたんです。

2 自分の顔を客観的に観察・分析します

次に、自分の顔を客観的に把握します。
全体像のバランスを捉えたうえで、細かく観察してみましょう。
参考までに、**観察するポイント**を記します。

- □顔の形は、丸？　四角？　ひし形？　逆三角形？　卵形？
- □フェイスラインは引き締まっている？　ぼやけている？
- □目立つシミやシワはある？
- □肌の色は均一？　不均一？
- □眉は短い？　長い？　太い？　細い？
- □眉頭、眉山、眉尻の角度は？
- □眉は薄い？　濃い？
- □眉の間は離れている？　くっついている？
- □目は大きい？　小さい？

□目は縦に丸い？　横に長い？
□目の間は離れている？　くっついている？
□眉と目の間は離れている？　くっついている？
□頬はふっくらしている？　そげている？　立体的？　平面的？
□額は丸い？　平たい？　広い？　狭い？
□顎は丸い？　尖がっている？　短い？　長い？
□鼻の幅は広い？　狭い？
□鼻の長さは長い？　短い？
□上唇は厚い？　薄い？
□下唇は厚い？　薄い？
□唇は出ている？　引っ込んでいる？
□上唇と下唇のバランスは？
□鼻と唇の間は離れている？　くっついている？

鏡で自分の顔を見ると、どうしてもシミやシワ、クマや毛穴などピンポイントの

「余計なもの」ばかりに目を奪われ、もっと大枠の輪郭や骨格に目が向かないもの。また、長年付き合っている顔、毎日見ている顔だからこそ、「先入観」に囚われがちだとも思うんです。

だからこそ、自分の顔をモノクロ写真にして、色の要素をそぎ落とすことで、客観的に観察・分析しやすくなるのです。

すると、**シェイディングでそぎ落としたいところ、ハイライトで浮き立たせたいところ**、つまり、顔をどのようにディファインすべきかがわかりやすいと思います。

また、左右対称かどうかや、パーツの配置、比率なども見えるので、ふっくらさせたい、そぎ落としたいなど立体感の足し引きや、チークやハイライトの位置、眉や目、唇の輪郭など、**際立たせたいラインが見えてくる**はずです。

前述の通り、この方法、ディファインする目的で始めたわけではありませんでした。

モデルのテスト撮影を重ねるなかで、モノクロ写真の中で光がどう写るのか、影がどう写るのか、どうしたら顔が際立つのかを模索するうちに、この方法が役に立つと気づかされたのです。

3 実際に、モノクロ写真にメイクをしてみましょう

続いて、自分のモノクロ写真に、実際にメイクをしてみましょう。15ページの写真を参照してください。

手持ちのコスメを使って、シェイディング、ハイライト、チーク、アイブロウ、アイラインなどで、引っ込ませたいところ、浮き立たせたいところ、際立たせたいところにメイクをして、どう見えるか、確認します。

その後、**メイクをしたモノクロ写真をさらにモノクロにコピー**してみると、また見えてくることがあります。

モノクロにすると何色が見えて、何色が消えるのか（例えば、濃紺は黒よりも強く出る、水色は濃くしてもあまり出ない、など）や、モノクロにしたときに、質感はどのように写るのか（例えば、唇のマットはモノクロにするとセクシー、同じように見えるグロスやパールの質感にも違いが出る、など）もわかります。

ディファインする方向性が見えたら、さあ、自分の顔で「Let's try!」。

〝ディファイン〟する前のスキンケア＆ベースメイク

「キャンバス」によって、絵の描きやすさにも見栄えにも雲泥の差が生まれます。メイクを絵と仮定すると、肌はまさに、キャンバス。メイクを効果的に施すためには、できる限り、滑らかで弾力のある肌が理想的です。そういう意味で、スキンケア＆ベースメイクは、ディファインメイクの仕上がりを左右する、とても重要なステップ。ベースメイクをぴたりと密着させる肌を作る、スキンケア。その人らしさを消さないような、洗練されたベースメイク。隠したり装ったりするのでなく、自分の延長線上にある、居心地のいい肌を作ります。

1

スキンケアからメイクが始まっています

メイクをする前提で、その直前に行うスキンケアの目的は、「メイクをより美しくする」こと。

つまりは、スキンケアはメイクのファーストステップです。

「メイクをするのがもったいない！」と思うような肌作りに挑みましょう。

メイクがぴたっと密着するように、メイクの「いい感じ」が長く続くように。

上にメイクを重ねたときにずるずると滑ったり、ふわっと浮いたりするような状態では、それが叶いません。

だから、メイク前は、過剰に油分の多いスキンケアを使ったり、いくつものステップを重ねたりするよりも、シンプルなスキンケアに抑え、内側に潤いを閉じ込めて、肌表面を**もっちりとしながらもべたつきのない状態**に仕上げるのが、メイクを成功させる秘訣だと思います。

私が撮影のときに、女優さんやモデルさんに行っているスキンケアは、以下の通りです。

❶濡れた肌に「オイル」をなじませます。クレンジング後の濡れた状態であればそのまま、乾いた肌ならさらりとした「化粧水」や「ミスト状化粧水」で肌を湿らせてから、オイルを入れ込みます。水分と油分が二層になったオイルを使うこともあります。

❷「美容液」、または「クリーム」をなじませます。のばしたあと、ゆっくりしっかりハンドプレスして、奥まで浸透させます。メイクが密着しやすい、（べたっとじゃなく）もちっと吸い付く質感になるまで、「間」を取りましょう。

❸肌の状態を見て、べたつきを感じるようであれば、ミスト状化粧水を吹きかけてなじませるか、コットンに含ませた化粧水でさっと拭き取るなどして、メイクが留まりやすい質感に整えます。

スキンケアの選び方に関しては、年齢や肌質、悩みなどによってそれぞれ適したものが異なると思いますが、本当に自分に合うものに出会うには、**試供品を使って**

自分の肌との相性を確かめる手間を惜しまないことだと思います。

私の場合は、必ず試供品を使って、ときに、そのあとわざわざ水で洗い流すこともあります。どれだけ肌に浸透しているかを確かめるためです。

自分の肌の一部になるスキンケアと出会うと、メイクの仕上がりも大きく変わります。

特にメイク時にカバーすることが難しい、目尻やほうれい線などの表情による深い**シワ部分には、しっかり潤いを入れ込んで、できるだけ柔らかい状態にしておく**のが大切です。柔らかいシワは、目立たないからです。

リッチな美容液やクリームをたっぷり使ったり、アイケアやシワケアなどたくさんのステップを重ねたり。**今日の疲れを癒やす「お手当て」、潤いやハリ、弾力を育む「お手入れ」は、夜のスキンケア**で行いましょう。

肌を調子のいい状態にしておければ、翌朝のメイクは大成功！

そういう意味では、夜のスキンケアもメイクのステップの一部と言えるかもしれませんね。

不思議なもので、スキンケアを「義務」や「惰性」で行うと、メイクは生き生きと仕上がらないんです。

何よりも大切なのは、「この肌に、メイクしたい！」「さあ、メイクをしよう！」というところまで、メイク前のスキンケアで持っていくこと。

すると、気分も表情もアップして、メイクがぐんと映えるはずです。

2 ベースメイクの本当の目的を知っておく

唐突ですが、私、よく考えるんです。

もし、自分が今、「美容整形」をしたら、きりがなくなるんじゃないかなあ、って。このシミを消したい、このシワも消したい。そういえば、眉間の縦ジワもほうれい線も気になってたし、目の下のクマも三角ゾーンの毛穴も気になるよね。ひとつ隠すと、次に隠したい何かが見つかり、ひとつ消すと、次に消したい何かが見つかる。

どんどん自分の中で「完璧に近づけたい」という欲が生まれる気がするんです。でも、完璧に近づけたいということは、裏を返せば、なくしたい欠点を探すこと。メイクも美容整形と同じだと思うのです。

シミだってシワだって、見つけようと思えば、誰でもいくらでも見つけられるけれど、こうして欠点を数えているのは、じつは、自分自身だけなのだと思います。

他人は自分が思うほど、あなたを見ていないもの！

欠点があるという「事実」よりも、元気そう、楽しそう、幸せそうといった「印

象」をまわりは捉えているのだと思います。

仮に、欠点をすべて隠せたとしても、それはいかにも「メイクで隠しました」というのっぺりとフラットな状態であり、「人形」や「仮面」のような血の通わない肌に見える。

それでは、ベースメイクの時点で、個性や魅力がすっかり隠されてしまいます。だから、ベースメイクをスタートするその前に、心構えとして「完璧な肌を作ろうと思わないで！」と伝えたいですね。

ベースメイクは、最高のディファインメイクをしやすい肌、つまりは**光や影がきれいにのりやすい肌を作る**ものと心得てほしいのです。

3 「なくてもいいところ」を消す＝補整するためのアイテム選び

極端に言うと、肌に気になるところがない人なら、ベースメイクは必要がないと私は思っています。

撮影のシーンでも、表現したいテーマや被写体の肌状態を見極めたうえで、ベースメイクを省く選択をすることもあります。

私にとって、ベースメイクは、「隠す」ためのものではなくて、「補整する」ためのものなんです。

でも、なぜか「下地」「コンシーラー」「ファンデーション」「フェイスパウダー」と、すべてを使うのが理想、重ねれば重ねるほど美肌ができあがると思い込んでいる人が多いように思います。

ベースメイクの目的は、その人が健やかに見える肌のトーンや質感にするために、補い、整えることなのだから、すべてを使う必要はないんです。

むしろ、**絶対的に言えるのは、レイヤー（層）は少なければ少ないほど、自然に**

仕上がるし、より崩れにくいということ。

例えば、肌全体が不均一に見えるなど「広い面」が気になるのであれば、ファンデーションを薄くのばすのが効果的。

例えば、シミなどの「点」が気になるのであれば、硬めのコンシーラーを、クマなどの「狭い面」が気になるのであれば、柔らかめのコンシーラーを、ピンポイントで叩き込むのが効果的。

もちろん、下地やパウダーだけで整うのであれば、それもよし。

化粧品によっても、それぞれに肌へののび広がり方やなじみ方が異なるので、自分なりに組み合わせるのも、もちろんありです。

べったりと肌全体に色を塗ることが、補整ではありません。

自分の肌にとって、なくてもいいところはどこなのか？

それを補い、整えるためには何が必要か？

それを使うと、どのように仕上がるのか？

肌と対話をしながら、自分が好きな肌感を探って、ベストな「マッチング」を見つけてほしいと思います。

ただし、ディファインメイクの本番は、まだこれから。

ここで100%の完璧をイメージするのでなく、**70%程度の仕上がり**にしてディファインメイク、つまり、シェイディングとチーク、ハイライトを重ねる余地を残すことを忘れずに。

また、繰り返しますが、**「崩れない肌」を作ろうとしない**ことも大切。

崩れないようにと意識しすぎると、どうしても厚くなり、不自然になるから。

厚く塗っても、メイクは長持ちしません。

むしろ、崩れやすくなると心得て。「崩れを生かす」と発想を変えて、肌をできる限り薄く作るのが正解です。

4 「カラー下地」は、目指す女性像で選ぶ

UVケアを兼ねるものや、ファンデーションを密着させるものなど、充実している化粧下地。選び方に関して、もっとも気を付けたいのは、肌にのばしたときに、白く浮くのでなく、**肌に溶け込んで「見えなくなるものを選び」、「見えなくなるまでなじませる」**こと。

素肌と一体にさせるためです。

下地の存在が目に見えると、ファンデーションやコンシーラー、パウダーと乗せたときに、それぞれのピグメント（色素）が層になって、メイクの色が出てしまうから。

そして、いわゆる色つきの「コントロールカラー」と呼ばれるような下地は、**目指す女性像で選ぶ**のがいいと思います。

「イエローベース」「ブルーベース」と肌色の傾向を分ける考え方や、パープルはくすみをカバーする、グリーンは赤みをカバーするなど悩み別に選ぶ考え方もありますが、私は、むしろ、そればかりに囚われることなく、私たち日本人の多くは

ざっくりと同じ色調と考えて自由に選んだほうが、自然な肌に仕上げることができると思っています。

例えば、ヘルシーに仕上げたいなら、イエローやオレンジ。

例えば、フェミニンに仕上げたいなら、ピンクやパープル。

例えば、クールに仕上げたいなら、ブルーやグリーン。

なお、コントロールカラーは、塗り込むとその色が肌に溶け、消えて、奥の奥からほのかに漂うような柔らかいものがベスト。

総じて下地は、なりたい方向に導きながら「肌を起こす」ような、つまりは**肌が目を覚ますようにぱっと明るくなるもの**を選びましょう。

毛穴やシワなどの細かい凹凸を埋めるパテのような下地は、ディファインメイクには不向き。使わなくても構わないと思います。

なお、下地は肌にのせる前に、ボトルやチューブをよく振って、中身を均一にしてから使いましょう。

5 ファンデーションで、面をきれいに補整

ディファインメイクに向くのは、クリームタイプ、リキッドタイプ、クッションタイプなど、**肌なじみのいいファンデーション**です。

ただ、いくら薄くのびても、あまりにしゃばしゃばとみずみずしい、いわゆる美容液のようなファンデーションだと、補整効果があまり望めません。

それでは、光と影の効果が見えにくいので、ディファインメイクには適していないと思います。

また、自分の肌より明るい色は選ばないこと。明るい色だとシミや色ムラなどをかえって目立たせることになるからです。色選びに迷ったら、自分の肌よりもワントーン濃い色を選ぶと、なじませたときにシャープな印象に仕上がります。

ファンデーションは指だけで塗るのでなく、スキンケアアイテムをのばすように手のひら全体でしっかりと広げ、しっかりと入れ込むことが大切です。

また、大切なのは、さらにファンデーションと肌を一体化させるひと手間。

特に、こっくりとしたクリームタイプを使う場合には、薄づきにするために、よ

り丁寧に手間を。

私は、大きめのポリウレタン製のスポンジを使います。**水で湿らせて固く絞ったスポンジで肌の上からぎゅっ、ぎゅっと押し込むようにして、ファンデーションを肌に入れ込みます。**

顔の広い面はスポンジの平面を使って、目や鼻、唇などパーツのまわりの細かい凹凸部分には、スポンジの角を使って、しっかりなじませましょう。

すると、肌上に残っている余計な油分がスポンジに吸い上げられ、肌とファンデーションが一体化。自然になじむだけでなく、ファンデーションが毛穴落ちするのを防ぎ、崩れにくくなります。

また、眉やTゾーン、小鼻の脇、こめかみなど特に油分を取りたい部分は、**スポンジにティッシュペーパーを巻き付けて**、同様に。

この、余計な油分だけを取り去り肌と密着させ、一体化させるひと手間で「テカリ」でなく「ツヤ」になるのです。

最後に、大きめのパフをティッシュペーパーでくるみ、全体的にそっと柔らかく押さえてなじませます。

ティッシュペーパーを直接手で押さえてなじませるよりも、圧が分散されて自然に仕上がります。

それでも、浮きやムラが気になるようなら、ミスト状化粧水を吹きかけ、ちょうどいい薄づき感になるまで調整をしましょう。

この仕上げのステップが、自分の皮脂とファンデーションの色素が分離して浮くような不快な崩れ方でなく、肌とファンデーションが一体化したままの自然な崩れ方にするためのコツです。

なお、リキッドファンデーションも下地同様、ボトルやチューブをよく振って、中身を均一にしてから使いましょう。

6 コンシーラーで、点をきれいに補整

シミやニキビ跡、クマや色素沈着など、ピンポイントの色トラブルが気になる人は、コンシーラーがお勧めです。

もし、それ以外はさほど気になるところがないのであれば、コンシーラーだけを使ってカバーして、その境目を丁寧になじませれば、**ファンデーションを省いてもいい**と思います。

なお、点をカバーするときは、点に留まりやすい硬いコンシーラー、狭い面をカバーするときは、柔らかくのばしやすいコンシーラーと、悩みによって使い分けることをお勧めします。また、コンシーラーは、指で塗るよりも、アイシャドウブレンディングブラシで塗るほうが、カバーしたい箇所にしっかりと留まるので、狙い通りの効果が得られます。

濃いシミをカバーする際は、シミと同じ色、またはワントーン濃い色のコンシーラーを使ったあと、その上に部分的にパウダーをのせると、もともとの肌のトーンと同じになり、目立たなくなります。

7 フェイスパウダーで「テカリ」でなく「ツヤ」に仕上げる

なくてもいいところをきちんと補整しても、肌全体に「テカリ」があるように見えては、そのあとのディファインメイクは効果を発揮しません。

まず、知ってほしいのは、「フェイスパウダーは顔全体に使うもの」という「常識」を捨てること。**テカリでなく上品な「ツヤ」にするには、フェイスパウダーが必須**です。

ディファインメイクは、ツヤのあるなしという「質感」の違いでもメリハリを作るので、フェイスパウダーは、本当に必要な部分を見極めて、最低限にすませるほうが効果的です。

また、最低限にすませることで、肌の上の「レイヤー」が少なくなるので、より自然に見えるのです。

フェイスパウダーは、よれを防ぎたい箇所だけに絞り、薄い膜で「蓋」をし、フィックスさせるものと心得ましょう。

フェイスパウダーは、肌になじんだときに透明になるような、色のつかないタイプを選びます。ちなみに、パールなどが入ったきらきらと輝くものは、ディファインメイクには向きません。

なぜなら、あとで入れるハイライトの効果が薄れるから。

そして、肌全体にパールの入ったパウダーを纏うと、まるで電球（！）みたいに発光するので、頬が腫れて見えたり、顔が大きく見えたりする可能性もあるからです。

毛足が長すぎず、毛が密に詰まったコットン製の硬めのパフにフェイスパウダーをしっかり含ませ、何度も揉んで、毛の奥までまんべんなくパウダーを含ませます。

その後、手のひらでぱんっぱんっとはたいて、余分な粉を落とします。

皮脂やファンデーションが溜まりやすい小鼻の脇、眉メイクを定着しやすくするために眉尻辺り、アイシャドウやマスカラが落ちやすい目の下、意外と皮脂が出やすいこめかみなどテカリやべたつきを防ぎたい部分にだけ、しっかり密着させるように押し込みながらなじませます。

同様に、化粧水などに使うコットンにパウダーを含ませて押さえ込むと、同時に余計な油分が吸い取られて、きれいに仕上がります。

コットンを使う場合も、パウダーをしっかり含ませ、何度も揉んで、手のひらではたくという工程はパフと同じ。

パフにしろ、コットンにしろ、**何度も揉むことで繊維の奥まで粉が入り、それによって余計な油分を吸い取りながら、きれいに粉を纏わせることができます。**

ディファインメイク開始！まずは顔を「掘り起こす」

ディファインメイクは、大きくふたつのステップで行います。ひとつはシェイディングとハイライト、チークで顔の輪郭を引き締めて立体感を「掘り起こす」ステップ、もうひとつが眉や目、唇といったパーツの輪郭や立体感を「際立たせる」ステップです。まずは、顔を「掘り起こす」ステップ。シェイディング、チーク、ハイライトの順に行います。

影で形を整えてから、血色と光でメリハリを与えるほうが、効果がわかりやすいからです。シェイディング、チーク、ハイライトを絶妙に重ね合わせることで、質感の異なるツヤが生まれ、より立体感が際立ちます。

ディファインメイクMAP

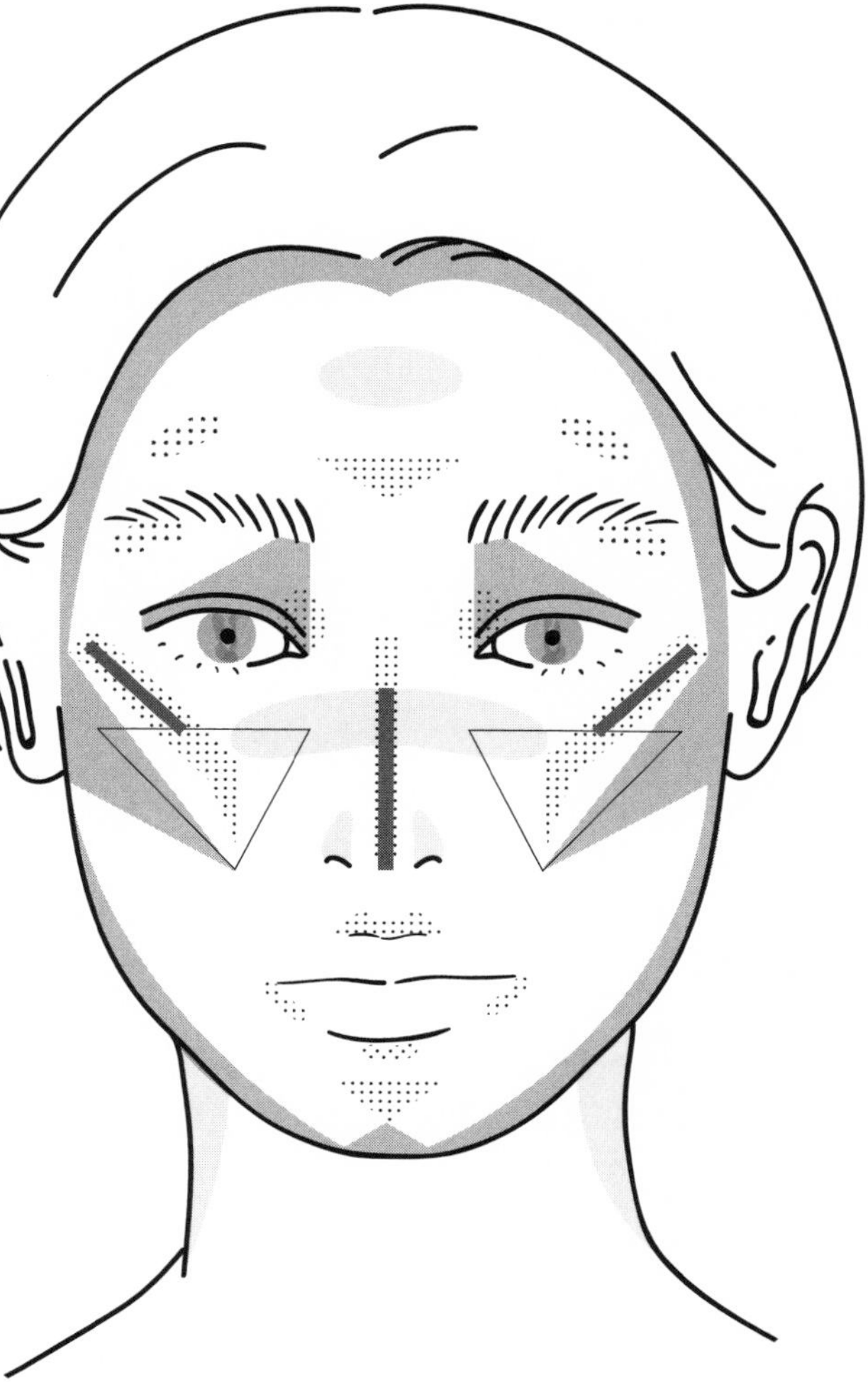

P102／影：■＝シェイディング　□＝仕上げのシェイディング
P106／血色：▽＝チーク
P110／光：▒＝ハイライトパウダー　■＝ハイライトクリームまたはスティック

1 「影」を入れて、顔を引き締める

「奥にひっこませたい部分」に影を入れることで、顔にメリハリを作り、印象をきゅっと引き締めます。

「影」に必要なアイテム（●＝コスメ、○＝ツール）

●シェイディングパウダー（ブロンジングパウダーでもＯＫ）

○シェイディングブラシ

○パフまたはコットン

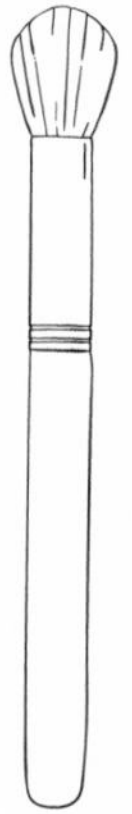

ファンデーションの濃い色などを利用することもできますが、仕上がりに重さが出る場合があるので、もしファンデーションを使う場合は、ふわりと軽くつくパウダーファンデーションを選ぶのがいいでしょう（以前は私も、ファンデーションの濃い色を使っていました）。

色が濃すぎると、肌の色との差が目立ちすぎるので、素肌よりもワントーンからツートーン濃いくらいの色のほうが、自然に仕上がります。

色は、赤み寄りのものだと不自然な日焼け肌のように見えることがあるので、どちらかというと、黄み寄りのもののほうが、肌の色と一体化しやすく、お勧めです。

また、パールなどきらきらした質感も、影が目立ちすぎることになるので、自然な影を演出するために、そうでないものを選ぶのが理想的です。

薄くつき、自然にぼかせるよう（塗った部分が「線」にならないように）、ブラシは少し毛量が多くて密度が高く、ふんわりと柔らかいものがお勧めです。

さりげなく肌になじみながらもシャープに効果が出るように、チークブラシよりもほんの少し、先が尖ったものが理想的。

肌当たりが心地いいものを選びましょう。

「影」のHow to makeup

＊入れる場所、入れる範囲については、99ページのイラストを参照してください。

❶シェイディングブラシにシェイディングパウダーを含ませ、一度手の甲で余分な粉を落とします。

❷額中央の髪の生え際↓こめかみ↓耳の前↓頬骨の下（チークのベースとして）↓顎の付け根↓顎先と、顔の輪郭をなぞるように、肌になじませながら、影を入れます。

❸そのまま、眉頭下から目頭、目尻まで眉に沿うようにさっとブラシを通して影を入れます。

❹顔の反対側も同様に、❶～❸を行います。

❺ブラシに残ったパウダーで、仕上げにささっと、額中央、鼻の中央をまたいで両頬を結ぶ線、顎先、首筋、胸元があいた服のときは胸の谷間にもなじませます。

❻パフ、またはコットンを人差し指の先に巻きつけるようにしてシェイディングパウダーを含ませ、小鼻脇に影を入れます。

シェイディングTips

✔シェイディングを入れるエリアは、層の重なりを減らし、できるだけ薄く仕上げるために、フェイスパウダーは省いておきます。

✔影を目立たせすぎると、不自然になるので、鏡で見え方を確認しながら、少しずつ入れましょう。

✔額まわりは、生え際の産毛の中にもふわりと影が入るよう、ブラシを生え際に入れ込むように動かします。

✔頬がこけているなら、頬骨部分には、影を入れないようにしましょう。

✔たるみが気になるなら、顎先から耳の後ろまで顎のラインに沿って、耳の後ろから首筋に沿って鎖骨まで、丁寧にシェイディングパウダーをなじませましょう。

2 「血色」で生き生き感を足す

血色を補うことで、体温や息吹など生き生きと生きている、生命感を補います。同時に、影＝シェイディングと光＝ハイライトのつなぎの役割を果たすので、自然な印象になります。

「チークレス」のように見せたいメイクの場合も、チークは必要です。肌に溶け込むような淡い色を使うか、もしくは血色を質感で足すように、クリームタイプのチークを使用します。

大人になればなるほど、健康的に見せるためにチークは必須。顔の中でいちばん広い面積を占める頬に何も色を入れないと、立体感や生命感が感じられず、のっぺりとフラットな印象になり、顔を大きく見せる場合もあります。

また、他のパーツも、チークがあることによってバランスが整います。例えば、ダークアイズ×ヌーディリップなど、モードなメイクも、チークで目と唇をつなぐと、アヴァンギャルドな中に温度や湿度が生まれ、より生き生きとした印象になります。

「血色」に必要なアイテム（●＝コスメ、○＝ツール）

●パウダーチーク
○チークブラシ

チークの色は、柔らかい血色につながる、ピンクから赤の延長線上にあるものを選びましょう。

もし、「チークレス」の顔を楽しみたい場合は、チークレスに見えるベージュやブラウンなどの色を使います。

パールやラメを含むもの、極端につややかに仕上がるものは、塗り方によっては、頬が腫れているように見えたり、顔が大きく見えたりするので、避けたほうが無難です。

また、チークにツヤがありすぎると、あとで入れるハイライトの効果があまり発揮されません。

チークブラシは、シェイディングブラシ同様、薄くつき、自然にぼかせるよう、毛量が多くて密度が高く、ふんわりと柔らかいものがお勧めです。

シェイディングブラシよりも、先が丸いものが理想的。

肌当たりが心地いいものを選びましょう。

「血色」のHow to makeup

＊入れる場所、入れる範囲については、99ページのイラストを参照してください。
❶チークブラシにパウダーチークを含ませ、一度手の甲で余分な粉を落とします。
❷シェイディングで入れたベースに部分的に重ねるように、チークで血色をのせます。

チークTips

✔チークは、時間がかかっても、少しずつ丁寧にのせていくのが、失敗しないコツ。

✔あまり広く入れすぎると、顔全体がほてったように見えたり、メリハリがないように見えたりするので、注意しましょう。

✔パウダーチークは、薄めの色は柔らかめ、濃いめの色は硬めと、選ぶ色によってパウダーの硬さを選びましょう。そのほうが、色がつきすぎるのを防ぐことができ、失敗が少ないと思います。

3 「光」で立体感を出す

顔に光を入れることによって、「手前に浮き立たせたいところ」を際立たせ、立体感、メリハリを作ります。

ハイライトのメイクは「ストロビング」とも呼びます。まるでストロボで光を当てたように、メリハリを生む効果があります。

また、ツヤを足すことで、表情の動きとともに光が動き、生き生きとした印象になります。

パウダータイプのハイライトの上に、クリームタイプ、またはスティックタイプの濡れたようなツヤが質感違いで重なることにより、より引き立ちます。

「光」に必要なアイテム（●＝コスメ、○＝ツール）

●ハイライトパウダー

●クリーム状、またはスティック状のハイライト

○ハイライトブラシ

パウダー状のハイライトは、微細なパールを含んだ、洗練された光を放つもの、クリーム状、スティック状のハイライトは、パールを含まないもの、またはほんの少しだけ含む、濡れたような光を放つものが理想的です。

ハイライトはパウダーもクリームもスティックも、面ではなく、線で入れることができる、小ぶりのブラシを使います（パウダーは若干太め、クリームまたはスティックは若干細めのタイプが理想的）。

太めのブラシで入れると、広い面で光を放つことになり、エッジを際立たせる効果が感じられません。

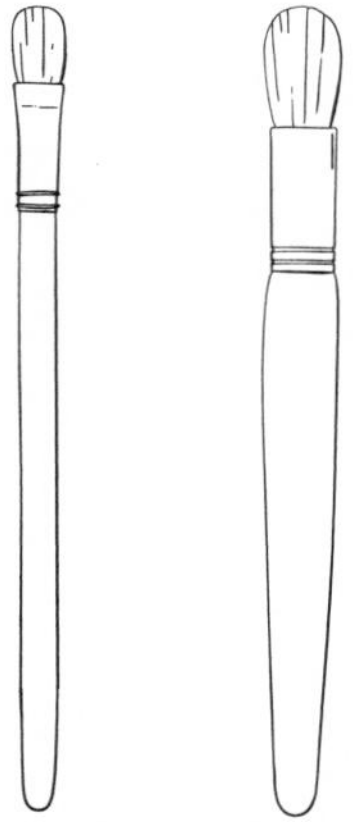

（パウダー用）

（クリームまたはスティック用）

「光」のHow to makeup

＊入れる場所、入れる範囲については、99ページのイラストを参照してください。

❶ハイライトブラシ（パウダー用）にハイライトパウダーを含ませて、一度手の甲で余分な粉を落とします。

❷眉山の斜め上と、眉山の下の骨が出ている部分に、ハイライトを入れます。

❸額の中央よりちょっと下と鼻筋に、ハイライトを入れます。

❹こめかみの下から頬骨にかけて、すーっと限りなく線に近いハイライトを入れ、それを斜め下に向かってぼかします。

❺目頭の中央側の引っ込んだ部分に、ハイライトを入れます。

❻上唇のふたつの山の上部分、両方の口角下、下唇中央部下にハイライトを入れます。

❼ブラシに残ったパウダーで、顎と唇の間のぐっと引っ込んだ凹みにハイライトを入れます。

❽ハイライトブラシ（クリーム用）に、クリームタイプ、またはスティックタイプのハイライトを取ります。

❾頬骨の一番高い位置に、薬指の第二関節くらいまでの長さで、ハイライトを入れます。

❿仕上げに鼻の頭にハイライトを入れます。

ハイライトTips

✓ハイライトを入れるエリアは乾燥しやすくシワが出やすいので、レイヤーを減らし、できるだけ薄く仕上げるために、フェイスパウダーは省いておきます。

✓頬部分は特に、パウダーもクリーム（スティック）も、線状に細く入れるほうが、光が際立ち、より効果的です。

最後に、顔のパーツを「際立たせる」

シェイディング、チーク、ハイライトと、顔を「掘り起こす」ステップが終わったら、さあ、いよいよ、パーツを「際立たせる」ステップです。

眉をディファインして全体の印象を引き締めてから、目、唇のディファインを順に行います。パーツを際立たせるのは、基本的に、顔を「求心的」に見せるのが、その目的。

とはいえ、難しいテクニックは必要ありません。

どんな眉にも、どんな目にも、どんな唇にも、応用可能な方法です。

目の錯覚を賢く利用して、ミニマムなテクニックでマキシマムな効果を狙いましょう。

1 「眉」に意志と知性を託す

眉は、特に、意志や知性を感じさせるパーツ。

その人らしさをもっとも語るパーツでもあります。

眉の正解は、自分の眉の延長線上にあります。

自分とは違う理想形を作ろうとするのでなく、自分の眉を生かして整えるほうが、骨格や表情となじみやすく、バランスよく、ナチュラルな印象に見えるのです。

トレンドに左右されたり、誰かになろうとしたりするのでなく、自分自身を生かすのが成功の秘訣です。


「眉」に必要なアイテム（●＝コスメ、○＝ツール）

- ●**アイブロウパウダー**
- ●**アイブロウライナー**（ペンシルでもリキッドでも可）
- ●**アイブロウマスカラ**（透明タイプ）

○アイブロウブラシ（大）（小）

○スクリューブラシ

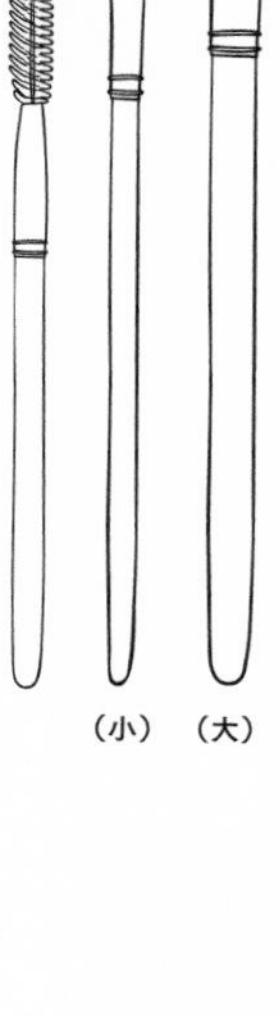

パウダー、ライナー、マスカラと質感や色が異なる3種のアイテムを組み合わせます。質感や色の差が、眉そのものに立体感を生み、自然に見せるからです。

眉色は、必ずしも髪色に合わせる必要はありません。欧米の女性たちを見るとわかると思いますが、金髪の人は眉も金色、というわけではありませんよね？

髪よりも、肌や瞳との相性を見て、なじむ色を選んだほうが、顔の中の一体感が生まれるので、基本的に、私たち日本人の多くは、ブラウンやカーキなどを選ぶのが自然に仕上げるコツ。

また、光らないものが理想的です。

アイブロウブラシは、斜めにカットされた硬めのものを使います。わざわざ購入しなくても、使わなくなったアイシャドウブラシ（平ブラシ）をはさみで斜めにカットして代用してもいいと思います（私は、そのようにして自分仕様のものを作っています）。

より自然な眉を描くために、アイブロウブラシは大と小、2種使用します。眉に色を入れたあと、その色をさらに自然になじませるために、スクリューブラシを使います。

スクリューブラシは、幅が太く、毛が長めで「肉厚」なものが理想的です。

仕上げに使うアイブロウマスカラは、自然なツヤを与えながら毛流れを作り、ホールドしてくれる透明タイプを選びましょう。

「眉」のHow to makeup

❶眉頭の上、眉山の上、眉山の下の3つのポイントにアイブロウパウダーとアイブロウブラシ（小）、またはアイブロウライナーで「点」を入れ、アウトラインのポイントを決めます。

＊3点を入れる場所は、左ページのイラストを参照してください。

❷眉のアウトラインの「下描き」をします。薄い色のアイブロウパウダーとアイブロウブラシ（大）で、眉頭下と眉尻と❶で入れた3点をバランスを整えながら結ぶように、眉の形を描きます。

❸アイブロウパウダーの濃い色とアイブロウブラシ（小）、またはアイブロウライナーで毛が薄い部分を補うようにつないで、形を描きます。

❹眉山から眉尻にかけては骨格に沿って自然なラインを描きます。

❺スクリューブラシを横にして眉に押し付け、左右に小刻みに動かしながら、揉むように眉全体の色をならして、自然になじませます。

❻アイブロウマスカラであちこちに向いている眉の毛を濡れた質感にしながら毛流れをきれいに整え、眉をフィックスして仕上げます。

眉を描くときに最初に入れる3点

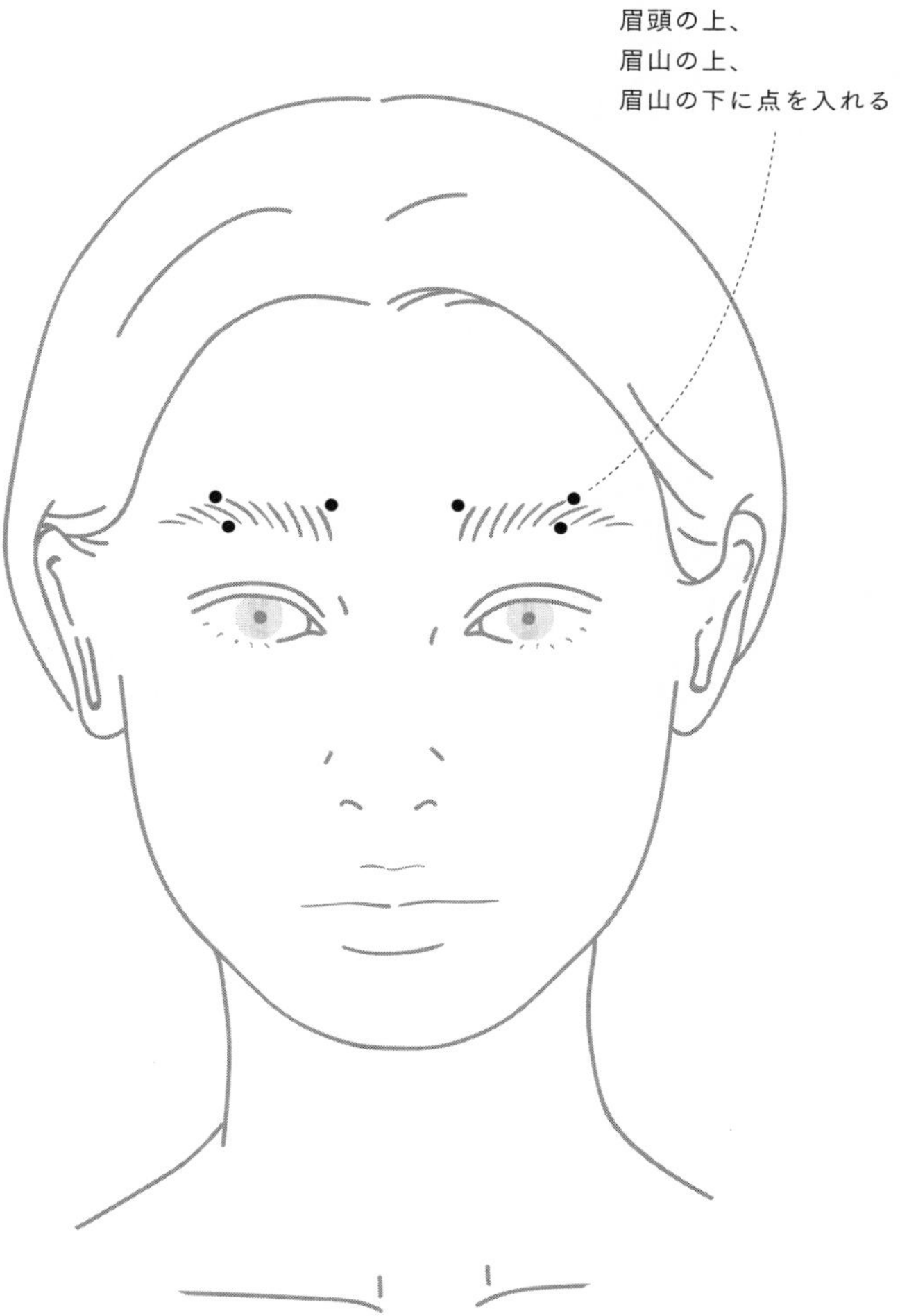

アイブロウTips

✔アイブロウを描く前に描きやすいように眉を整えます。パフやティッシュペーパーで皮脂やファンデーションの油分を押さえ、パウダーを乗せます。スクリューブラシで毛流れを整えながら余分なパウダーや繊維を取り、留まりのいい状態にしておきます。

✔目が離れているなら、眉頭のポイントを毛2本分中央に寄せます。

✔目が寄っているなら、眉山の上のポイントをより外側に寄せます。

✔眉と目が離れているなら、眉の下を太めに描き、眉と目の間の距離を少し狭めます。

✔眉の毛が立ちやすい、下に向きやすい、毛があちこちに向いているなら、ホットビューラーを押しつけるようにして、調整するのがお勧めです。

✔アイブロウマスカラの代わりに、透明で白くならない、ホールド力の高いマスカラベースや、ワックスのように使える眉用の石鹸を使うのもお勧めです。

✔眉山から眉尻を柔らかく描いて優しい印象に、しっかりと直線的に描いてハンサムな印象にと、描き方でイメージを自在にコントロールできます。

目が離れているなら

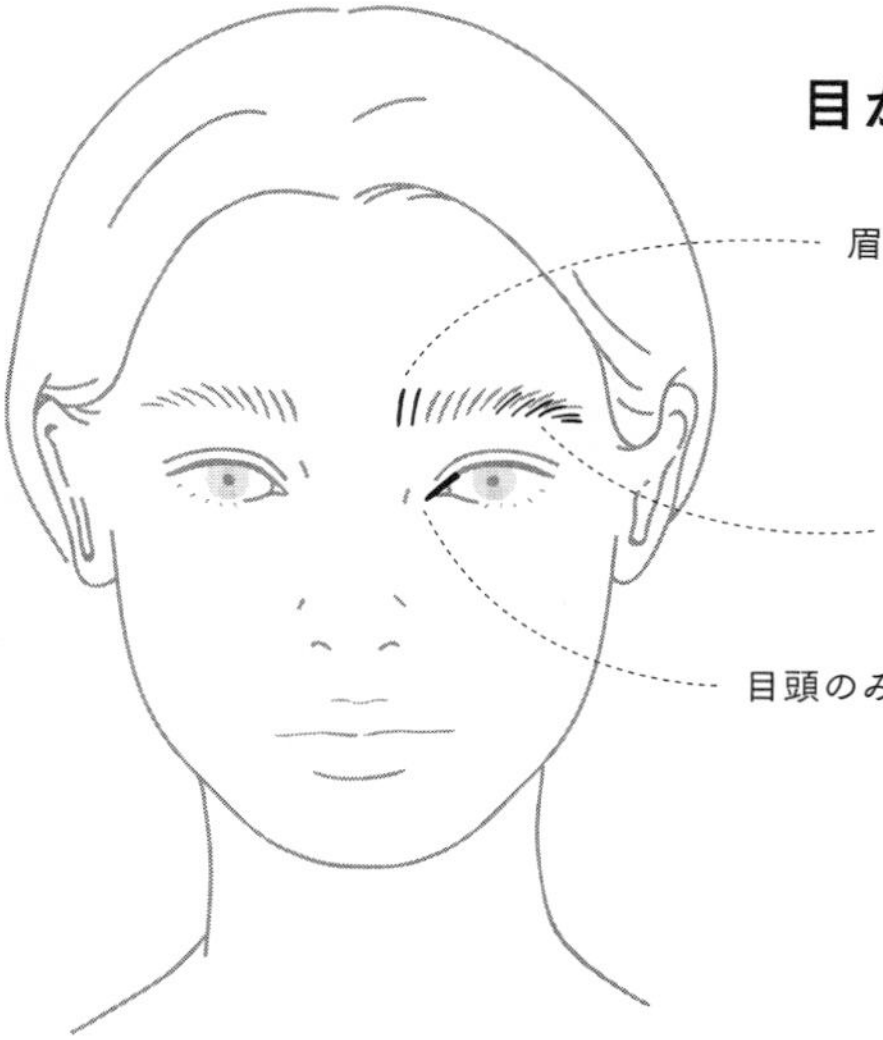
眉頭に毛2本分を描き足す
眉山の下に毛を描き足す
目頭のみにアイラインを入れる

目が寄っているなら

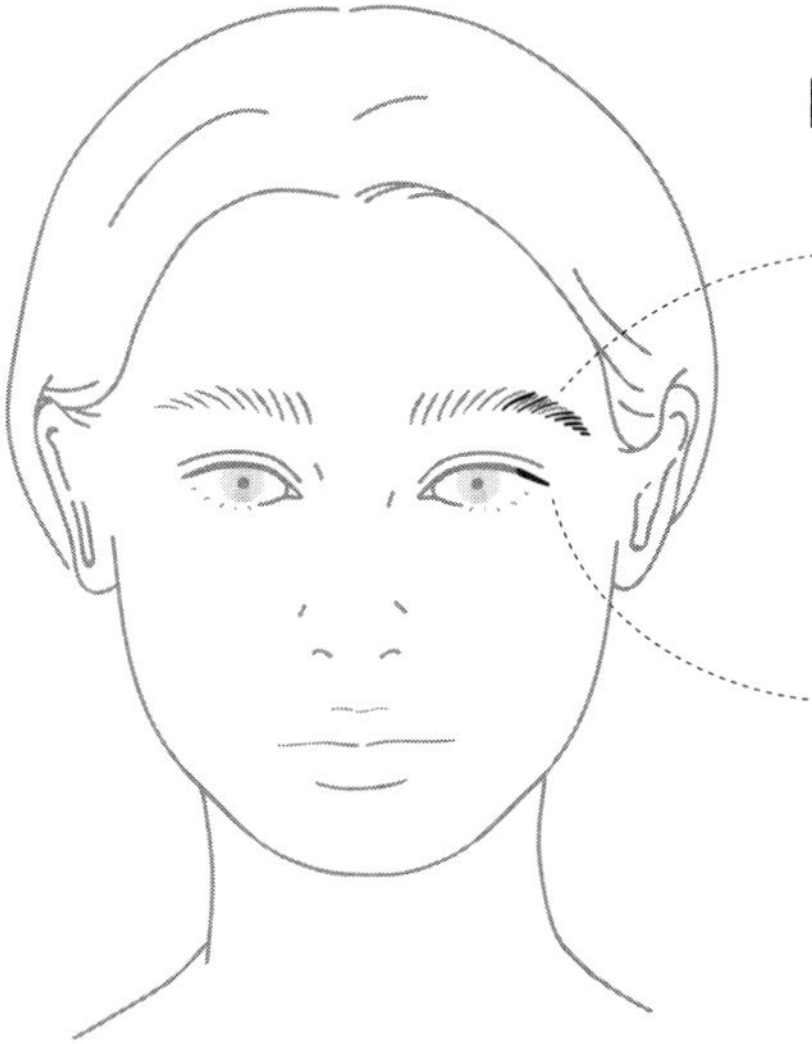
眉山の上のポイントを
より外側に寄せ、
眉尻を長く伸ばす
目尻のみにアイラインを入れる

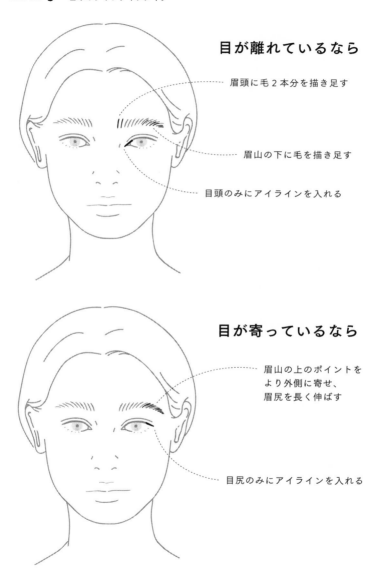

2 「目」の印象を強める

目のディファインメイクは、目を大きく見せるのが目的ではなく、目を際立たせることによって、その人の存在感や印象を強めるためのものです。

目を大きく見せたいと、目の輪郭をアイラインでぐるりと囲んで強調するメイクをしがちですが、じつは、それでは、目がむしろ小さく見えるんです。

目のディファインメイクの最大の特徴は、2種類のアイライン。一つは、歌舞伎の隈取のように、目頭の始まり、目尻の終わりを長く伸ばす「歌舞伎アイライン」です。これはその人の目の横幅を生かし、目の印象を強調するためのもの。もう一つは、まつ毛がもともと密に生えているように自然に見せるための隠しアイライン＝「忍者アイライン」です。

ディファインメイクにトライすることで、自分自身が持つ本当の目の引力に気づいてほしいと思います。

「目」に必要なアイテム

●ウォータープルーフアイライナー（濃い色）
●リキッドアイライナー（薄い色）
●アイシャドウ
●マスカラ

　アイライナーを2種類（ウォータープルーフアイライナーとリキッドアイライナー）を使うのには、理由があります。

　濃い色のウォータープルーフアイライナーは、目頭、目尻を際立たせる「歌舞伎アイライン」のため。濃い色のアイラインでしっかり目の横幅を強調するためのものです。したがって、黒や濃茶など、はっきりとした色を選びます。繊細なラインを描けるものであれば、リキッドアイライナー、ペンシルアイライナー、ジェルライナーなど、どれでも好みのタイプで大丈夫です。

　一方、薄い色のリキッドアイライナーは、二重の幅を狭めたり、まぶたの肌の透け感を妨げたりせず、その人の目の美しさを生かす「忍者アイライン」のため。目の縦幅をまわりからはわからないように強調するためのものです。したがって、さりげない色やつき方でありながら、フレームラインをはっきりさせる、カーキ、グレーなど、半透明の曖昧色が理想的です。

アイシャドウは、顔にある色を使うとナチュラルに仕上がるので、マットなブラウンが理想的です。

マスカラは、あまりボリュームアップやカールアップを狙うものでなく、ごく自然に仕上がる黒、または濃茶を選びましょう。

「目」のHow to makeup

*アイラインの入れ方は、124ページのイラストを参照してください。

❶上まぶたに影を添えるような、明るめのブラウンアイシャドウでまぶたの質感を整えます。

❷目頭側の「歌舞伎アイライン」を入れます。鼻の付け根を親指と人差し指とで

ぎゅっとつまみ、目頭の内側を見えやすくします。目頭を挟んで上まぶたの目頭部分のまつ毛の生え際にアイラインを入れ、その角度のまま、目頭の始まりをすーっと伸ばすようにアイラインを入れます。

❸目尻側の「歌舞伎アイライン」を入れます。目頭側同様、上まぶたの目尻部分のまつ毛の生え際から目尻の終わりを伸ばすようにアイラインを入れます。

❹「忍者アイライン」を入れます。リキッドアイライナーで上下まつ毛の間を埋めるようにアイラインを入れます。

❺まつ毛を自然な扇形にカールさせ、付け根から軽くマスカラを塗ります。目頭部分は目頭に向けて、真ん中は上に向けて、そして、最後は全体的に目尻に向かって流すようにブラシを入れます。

歌舞伎アイラインと忍者アイライン

目頭と目尻に、部分的に濃い色のアイラインを入れる。目頭と目尻を自然に伸ばすように

アイメイクTips

✔目が離れているのが気になるなら、目頭側のアイラインを、より内側に長めに入れます。（P119のイラスト参照）

✔目が寄っているのが気になるなら、目頭のアイラインを省きます。また、目尻側のアイラインを、より横に長めに入れます。（P119のイラスト参照）

✔「歌舞伎アイライン」は、あまり長く伸ばしすぎると「魔女メイク」のようになるので、少しずつ調整しながら描くのが成功させる秘訣です。

✔「忍者アイライン」は、アイブロウリキッドでも代用可。ナチュラルな色で透け感があり、落ちにくいものが充実しているので、テクニックに自信のない人も描きやすいと思います。

✔マスカラの仕上げに目尻側のまつ毛を指でつまんで定着させると、まつ毛の先が束になって横に流れ、よりきれいに仕上がります。

3 「唇」に生命感を宿す

いよいよ、ディファインメイクのラストステップ、リップメイクです。

唇は、チーク同様、自然な血色が宿ることで、生き生き感が漂うパーツ。ディファインメイクでは、ぎらぎらした輝きや不自然な濡れ感ではなく、あくまで、自分の血色が奥から滲み出ているような色、質感、立体感を強調するのがポイントです。

必要以上に、唇の大きさや形をカモフラージュしようとすると、かえって、もとの大きさや形が悪目立ちしてしまうことにも。

ちょっとした目の錯覚を利用するだけで、持って生まれた唇をぐっと際立たせ、生き生きとした印象を演出します。

「唇」に必要なアイテム（●＝コスメ、○＝ツール）

●口紅

●リップライナー
○アイシャドウチップ
○アイシャドウブレンディングブラシ

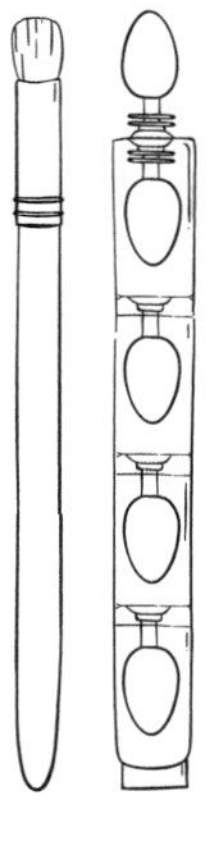

口紅は、血色の延長線上にあるピンクベージュから赤みブラウンが理想的。下唇の口角部分、および下唇中央の下に影を入れ、立体的な唇に見せるために、唇よりもワントーン濃いリップライナーを使います。

シアーな口紅は、口紅で直接塗りますが、こっくりとしたリッチなテクスチャーの口紅、マットな口紅を塗るときは、アウトラインをぼかして自然な印象に仕上げるために、アイシャドウチップを使います。使い捨てのロケットタイプなら、口紅ごとに替えられるので、とても便利です。

また、先が丸いアイシャドウブレンディングブラシもアイシャドウチップ同様、こっくりとしたリッチなテクスチャーの口紅、マットな口紅を塗るのに最適（グロッシーなものには、不向き）。フォギーな質感のリップメイクが簡単に叶います。

平型のリップブラシでは、アウトラインがはっきりとしすぎて、「着物メイク」のようにクラシックな印象になりがちなので、ディファインメイクでは使いません。

「唇」のHow to makeup

❶リップライナーのポイント使いで、唇の形を際立たせます。上唇のふたつの山の頂点のすぐ上に、リップペンシル先程度の「点」を入れます。

❷下唇の両方の口角5ミリくらいにリップライナーでリップラインを入れて内側にぼかし、口角を引き締めます。

❸下唇の中央部分のリップラインのすぐ下に、逆三角形になるようにリップライナーで「点」を入れます。

*リップライナーを入れるポイントは、左ページのイラストを参照してください。

❹口紅を塗ります。シアーなものは、直接塗ります。こっくりとしたリッチなテクスチャーの口紅、マットな口紅は、アイシャドウチップかアイシャドウブレンディングブラシに口紅を取り、唇をなぞるように塗り、アウトラインをぼかします。

リップライナーを入れるポイント

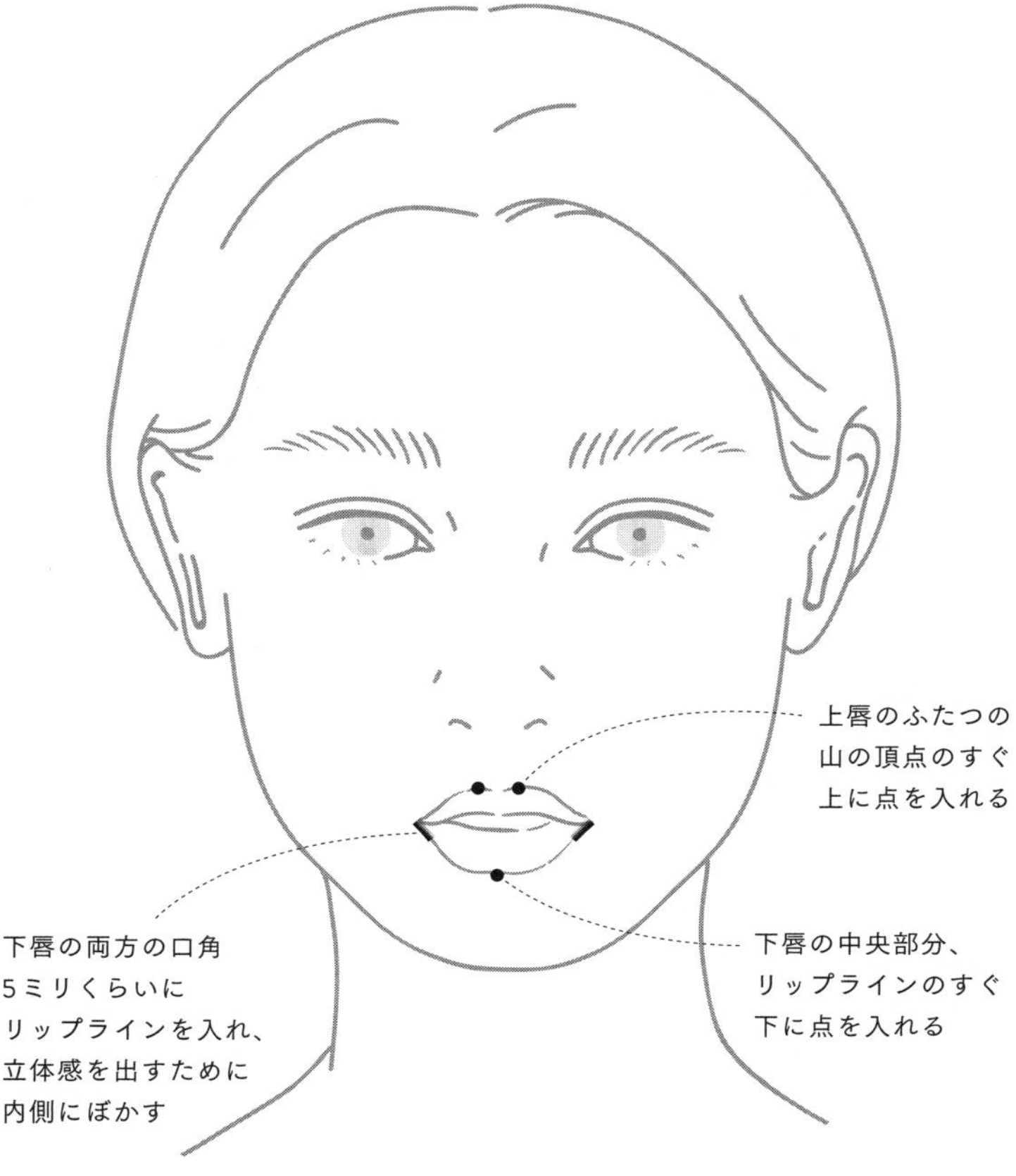
上唇のふたつの
山の頂点のすぐ
上に点を入れる
下唇の両方の口角
5ミリくらいに
リップラインを入れ、
立体感を出すために
内側にぼかす
下唇の中央部分、
リップラインのすぐ
下に点を入れる

リップメイクTips

✔下唇の口角部分と下唇の中央下部分にリップライナーで影を入れると、唇の丸みが掘り起こされ、ハイライト効果も相まって、唇の輪郭が際立ちます。

✔薄い唇が気になるなら、全体を大きく描くのでなく、下唇の中央だけ少しオーバーめに描きます。そのほうが自然にふっくらと見えます。

✔鼻と唇の間が長いのが気になるなら、上唇のふたつの山の頂点に乗せる「点」をほんの少し上にします。

CHAPTER

4

「自分の顔、結構好きだよ」と言える人生は楽しい

LOVE YOUR FACE, LOVE YOUR LIFE

「先入観」を持たない、「大人の素直」こそ理想

私はラッキーなことに、まわりに、魅力的な大人の女性がたくさんいます。女優さん、モデルさんはもちろん、仕事について熱く語れる仲間や、公私の別なく心の底から語り合える友人まで。

彼女たちに共通しているのは、すべてを「対・自分」として捉え、納得をしながら、前に進んでいるように見えること。「他人や世間がどう思うか」でなく「自分がどう思うか」を基準にして生きているように見えるのです。

私にはそれこそが、その人自身がディファインされているということのように思えます。

だから、私は、傍らにいるだけで、学んでいる。

それは決して、著名な人だから、ではありません。

例えば、アメリカで暮らしている私の親友、「まきちゃん」。彼女に会うたび、なんて魅力的なんだろう！　と感動させられるんです。

私より先にオレゴンに留学していた彼女は、日本で過ごした時間よりも、アメリカで過ごしている時間のほうが断然長いから、見た目も生き方もボーダーレスです。

日本の「常識」で測れば、間違いなく「変わった人」の部類にカテゴライズされるでしょうね。

彼女は、どんな状況でもポジティブで、とても素直です。

以前、私が遊びに行ったとき、彼女は美味しいと有名な「クラムチャウダー」を私に食べさせたいと、山奥まで車を走らせました。途中、道を間違えても、予想以上に時間がかかっても、面倒臭がらない、いらいらしない。そして私が申し訳なさそうにふるまうと、「未和子のためだけじゃないから。私も食べてみたいの！」と笑ってるんです。

ああ、この人の一時間、一日は、「楽しい」で溢れてる！

自分を信じて、楽しみながら日々の小さな選択をしているんですね。

何よりも、楽しむことを最優先させるから、「ヒト」「モノ」「コト」との関係性がとてもシンプル。

すべてにおいて、自分との間に「まわりにどう思われるだろう?」「常識的にはどうだろう?」といったフィルターがかからない。

それができるのは、「先入観」を持っていないからなんです。

まわりの人と比べない。過去の自分とも比べない。人のせいにしない、時代のせいにもしない。

たとえ、人生にネガティブなことが起こっても彼女がいつも笑っているのは、きっとそのために違いない。自分自身を信じ、愛しているからに違いないんです。

ちなみに、まきちゃん、すごくボリュームのある体つきなんです。でも、そんな自分に対して、不満や文句を言ったり、溜め息をついたりしているところを、一度も見たことがないの!

いつも「痩せたい」という言葉が口をついて出る自分が恥ずかしくなる。「I have to shut my mouth」って、そのたび、反省するんです。

褒め言葉に素直な人は、年齢とともに美しくなる

ところで、見た目が素敵なシニア世代の方々って、素直な人が多いと思いませんか？「素敵」と褒めると、「ありがとう」「嬉しいわ」と思いきり笑顔になる。褒め言葉を素直に受け入れ、そのたび、血にして肉にして、結果、どんどん美しい表情になる、楽しい人生になる。年齢とともに輝きを増すのは、素直な人なんです。

自分に素直。先入観を持たない。クリアで、柔軟。簡単なようでいて、日々の「意識」や「努力」なくしては叶わない……。私が目指したい、大人像の究極です。

美しさはひとつじゃない。美しさは、自由

以前、モデルの女性たちが自分の胸やブラについて台本なしに語るというユニクロのTVCMで、「私自分で、きれいだし、かわいいと思ってるよ」「愛着があるっていうか」と話す場面がありました。

自分の胸に対して、静かに語る表情は、とても魅力的に見えました。「顔」に置き換えても、「体」に置き換えても、「性格」や「人生」に置き換えても、通用する、本質。

ひとりひとり違うこと。自分らしさを受け入れること。美しさは、こんなにも自由であること。すべてを言葉にされたようで、はっとさせられました。

美しさは自由と信じている人が、リミットを押し広げて、美しさの可能性を広げていくのだと確信したんです。

逃げ？ 謙遜？ 自分でシャッターを閉めないで！

ずっと思っていたことがありました。

撮影などでメイクの仕事をすると、よくこんなシーンに出くわします。アイカラーやリップカラーなど、きれいな色を目の前にして、「うわあ、きれい！」と興奮しながらも、「私には、似合わない」「私には、無理」「似合う人は、いいなあ」と言う人の多いこと、多いこと！ 「えっ、似合いますよ」と本気で説得しても、返ってくる答えは「Ｎｏ」。限られた経験値の中で、自分には似合わないと決め付けて、がらがらとシャッターを下ろすんですね。

この色が好きだったら、この色をつけたいと思っているなら、絶対に似合います。つけ方の工夫やバランスの調整をすれば、「似合わせる方法」はいくらだって、ある。

一方、きれいだけれど、本当はこの色が好きじゃないとか、この色には興味がないとか、そういう理由で「無理」というのであれば、もちろん、理解できるんです。

でも……、ただ逃げているだけだったり、必要のない謙遜だったり、もし、そうなら、もったいない！　だって、シャッターを下ろした時点で、その人のリミットが決まり、そこから出られなくなる。自分で自分を閉じ込めるなんて、もったいないじゃないですか！　自分でシャッターを閉めないで！

美しさは、ひとりひとり違うんだから。美しさは、自由なんだもの。

あっ……！　こんなふうに言葉にしながら、ふと思いました。

そういえば、私もスレンダーな友人を捕まえては、「そんな服が似合って、いいなあ」「私も、そんな服を着たいなあ」「でも、私は太っているから、無理」と勝手にうらやましがって、着られない、似合わないと、決め付けてるなあって。

「そんなこと、ないよ」とまわりに言わせるのは、背中を押されたり手を引っ張られたりするのを待つような言葉を発するのは、いくら自分にそのつもりがなくても、大人としてどうなの!?　と我ながら毎回思うんですよね。

着たいなら、着ればいい。痩せたいなら、痩せればいい。好きなら、似合う。

もう一度、自分に言い聞かせたいと思います。

トレンドも普遍的なスタイルも、自分で選べる人になる

「スリフトショップ」って、知っていますか？

スリフトとは、倹約、節約といった意味で、寄付で集められた中古の洋服や家具、その他あらゆるジャンルのものを雑多に扱うショップで、アメリカにはたくさん存在します。

もともと古着好きの私は、向こうに暮らしていたころ、掘り出しもの狙いで、頻繁に通っていました。

あるとき、ショップを訪れると「Are you Japanese?」。イエスと答えたら「ちょっとこっちに来て」と言われ、ついていくと、そこには「リーバイス」の「ビッグE」がありました。当時、日本は空前のヴィンテージブームで、Eが大文字のヴィンテージリーバイスは大人気。高く売れるから、日本人である私に声がかけられたのでした。

私たち日本人は、自分とものとの関係よりも、流行っていたり珍しかったりというもの自体に価値を見出しがちなのかもしれない。そんな私たちだから、「いいカモ」と思われているのかもしれない……、そう痛感させられたんです。

メイクも服も、「顔」があって「人」がいて、そのうえに纏うもの

私自身、雑誌などでよく、「トレンドメイク」のページを担当します。

プロとして、そのトレンドが生まれた背景や目指す女性像について、真剣に追究して、最高のものを提案したいとつねに考えていますが、そのたび、逆に、冷静になる自分もいます。

発信する側は、「今シーズンは○○メイク」「今シーズンは○○色」と、ひとつの傾向にフォーカスを当て、その流行に乗っていることが、きれいであり、おしゃれであると煽る。

受け取る側は、それを取り入れることで「間違っていない自分」「遅れていない自

分」に安心する……。次のトレンドがやってくると、「はい、次」とばっさり切り捨てられるのに。

もっと、自分ありきでいいのに、と思うのです。

当然のことだけれど、メイクも服も、顔があって人格や生き方があって、そのうえに纏うものです。いくらトレンドでも、価格が高いものであっても、その人が意志を持って選んでいないのなら、まったく意味も価値もない。

自分自身がクリアで、自信を持って選び、纏うから、まわりはそれを似合うと表現するんじゃないか、と思うんです。

こう考えてみては、どうでしょう？　トレンド＝そのジャンルのバリエーションが増える＝ひとつひとつのクオリティが上がる。例えば、オレンジがトレンドなら、オレンジのバリエーションが増える、オレンジのクオリティが上がる、だから、自分がときめくものが見つけやすい……！

トレンドに惑わされるのでなく、逆手にとって、自分が自分らしくいられる「ひとつ」に出会える可能性が高まると捉えてみる。

まわりと同じものでなく、自分にとって特別なものを選んでみる。トレンドに乗るにしても、そこに意志を持ちたいと思うのです。するとと、もしそのトレンドが終わっても、自分軸で選んだそれには、わくわくできる。もの自体の価値でなく、自分とものの関係のうえに成り立つ価値だから。

その関係を大事にできれば、自分にとっての普遍的なスタイルが見えてくるし、トレンドを取り入れるか否かのチョイスも、軽やかにできるはず。

「個性」や「多様性」の尊重が声高に叫ばれ始めた今、それを一過性のトレンドにしてはいけないのだと思います。

自分軸で選べる人こそが、魅力的な人なのだから。

小さなことから「自分」が始まる、大きく育つ

メイクって、本当に不思議だと思うんですよね。

「面倒だけど、メイクしなきゃ」という気持ちで臨むと、スキンケアのなじませ方もファンデーションの塗り方も雑になります。満足のいかない顔のまま、慌てて出かけるからか、一日中、悪い脂が出続けて、どんよりと「疲れた顔」になる。ああ、こんなふうになるんだったら、何もしないほうがましだった、と思うくらい！

一方、「メイクって、楽しい」という気持ちで臨むと、いつもより丁寧に肌に触れたり、メイクの前にシートパックをしてみたり。すると、ファンデーションののりがいいから、出かけている間中、気分がいい。余裕のある「いい顔」が続く。家に帰ってからのクレンジングが丁寧になる、すると、肌の調子がいい、そして翌朝のメイクも楽しみになるんです。

ほんの小さな「差」だと思うんです。面倒と思うか楽しもうと思うか、たったそれだけの差。それがすべてに連鎖して、一日が後ろ向きに回るか、前向きに回るかが決まり、次の日、また次の日につながっていく気がするんです。

決して、大げさなことじゃなくていいと思うんですよね。

例えば、赤の口紅を買ってみる。例えば、白のTシャツを買ってみる。自分がときめくかどうか、ただそれだけを基準に選んでみる。

赤の口紅へのときめきが表情を変えるし、白のTシャツへのときめきが姿勢を変える。だから、その人は魅力的。

もはやそれは、似合う、似合わないという単純な見た目の問題じゃなくて、メンタルがすっかり変わっているから、輝きが放たれているのだと思うんです。

あるがままとは、こう生きたいという明確な意志

親友のまきちゃんにしろ、TVCMに出演していたモデルの女性たちにしろ、ある

がままの自分を知り、認め、愛している姿は、年齢や性別を超えて、力強くて、魅力的だと思います。

ここでいう「あるがまま」とは、まわりと比べることなく、時代に流されることなく、自分がこう生きたいという、明確な意志を持っていることだと、私は思います。

最初は、小さな「好き」や小さな「気持ちいい」など、小さな「ときめき」かもしれません。でも、その小さなときめきがつながって、広がって、こう生きたいという明確な意志になる。それこそが、「私」という輪郭がディファインされていくことなのではないでしょうか？

小さな「何か」を、日々見つけて、大きく大きく育てる。だから、新しい自分というポテンシャルがどこまでも高まるのだと思うのです。

毎日の選択が、一日を、ひいては一生を決めると心得て、小さなときめきに、正直に。自分を信じて、まっすぐに。

そして、次の自分が見えたら、もう、こっちのもの！　あなただけの魅力が弾けているはずだから。

その顔でどこに行く？　誰と会う？　毎日をもっと楽しもう！

普段、仕事のとき、私はあまりメイクをしません。「裏方」なので、服も基本的にモノトーンで、シンプルかつ動きやすいものばかりです。

でも、ショッピングに出かけたり、ディナーに出かけたりするときは、服もメイクも思い切り楽しみます。

ドレスアップして、目をアイラインでぐるりと囲んだり、黒に近いボルドーの口紅を塗ったり。普段との「メリハリ」を楽しんでいるんです。

人生を楽しんでいると感じる友人や仕事仲間も、毎日全力でおしゃれをしていたり、メイクをしていたりするわけではありません。

私のまわりには、フリーで活動している人が多いから成り立つのかもしれませんが、ガーデニングを楽しむサンデーカジュアルみたいなリラックススタイルでノーメイクに近い日のほうがじつは多くて、かと思えば、髪をタイトにまとめて真っ赤な口紅を堂々とつけこなしている日もある。

そのどちらも、いや、その間にある無限のグラデーションを楽しんでいるように見えるんですね。

ここに行くから、この人に会うから、この顔、この服。そんなふうに、毎日、小さく小さくときめいているように見えるんです。

今日と同じ日はないのだから、毎日同じ顔じゃなくていいんです！

「自分の顔が好き」だと、毎日が楽しい！

私が提案するディファインメイクを自分のものにしたら、毎日が楽しくなったと言ってくれた友人がいます。

自分の顔が好き、と言えるようになったら、それまで苦手とか、似合わないとか、決め付けることで作っていた「枠」が面白いように外れて、新しいことに挑戦できるようになったと言うんです。

新しいことといっても、決して大げさなことじゃない。

髪をショートカットにするとか、オールバックにしてみるとか、オレンジ色の口紅を塗るとか、パープルのアイラインを引くとか、プリントのシャツを買うとか、しまい込んでいたピアスをつけてみるとか、そんなこと。

すると、以前よりも、どこかへ行きたい、誰かに会いたいと思うようになった。

ノーメイクもフルメイクも、選択肢のひとつと思えるようになった。

そして、「毎日が楽しくなった」！

彼女は私より、10歳近くも上なのだけれど、誰より楽しそうだから、一緒にいてもつい、年齢のこと、忘れちゃうんですよね。

ディファインメイクがもし、自分を好きになるきっかけになったら。毎日を楽しめるきっかけになったら。彼女みたいに枠を外せる人がひとりでも増えたら、最高。そう思います。

年齢を味方にする生き方が、魅力という「力」を生む

この本の口絵でモデルを務めてくれたのは、井川遥さんです。

私が今、どうしても伝えたい「ディファイン」の意味をひと目でわかってもらうには、この人しかいない、と思ったから。この人がすーっとそこに立っているだけで、言葉を尽くすよりも、「何か」が伝わると思ったからでした。

知り合ってかれこれ10年以上。出会ったときももちろん魅力的だったのだけれど、会うたび、魅力がアップデートされているのを感じています。整った顔立ちやバランスの取れたプロポーションだけでは決して説明のつかない、新しい魅力に惹きつけられるのです。

ところが、私がそう言うと、まわりは必ずと言っていいほど、「だって井川さんは、美人だから」「だって、井川さんはきれいだから」と魅力の理由を「持って生ま

れたもの」に結論付けようとします。

あのね、違うの！　どうして、簡単に片づけるの？　美人とか、きれいとか、それではあまりに「失礼」じゃない？　とそのたび、思うんです。

女優やモデルとしての顔は、皆さんが知っている通り。同時に、妻であり、母であり、自身が手がけるファッションブランドのデザイナーであり、プロデューサーであり。井川さんは、たくさんの顔を持ち、ひとりで何役もこなしています。

しかも、すべてに対して全力を注ぐし、納得しないと、前に進もうとしない。ある意味、不器用とも言いたくなるくらい、一生懸命。自分の筋肉で、じっくりゆっくり前に進んでいくんですね。

そして、妻や母、ひとりの女性として「生きる」自分が前に進むと、女優やモデルとして「見られる」自分も、デザイナーやプロデューサーとして「創る」自分も、前に進む。逆もしかり。すべての役割が互いにいい影響を与え合って、上向きのループになっている。

これが私の思う、「Push the limits」なんです。

昨日の枠をぐっと押し広げて、今日に臨む人。今日の枠をぐっと押し広げて、明日に臨む人。その小さな「ぐぐっ」が次第に積み重なって、未来の自分を創る……。だから、年齢を重ねるほどに新しい顔になる「人間・井川遥」に惹きつけられるのではないでしょうか？

ねっ？　美人だからとかきれいだからとか、簡単に言えなくなるでしょう？

もちろん、「たくさんの顔を持つべき」と言っているわけではありません。大切なのは、自分という、与えられたすべてを生かし切ること。すると、美人とかきれいとか、その事実さえもすっかり忘れてしまうほどのたくましさやしなやかさが生まれる。

それが魅力という力なんです。

新しい顔に出会うときめきと余裕を持つ

メイクの仕事をしていると、良くも悪くも、多かれ少なかれ、皆、自分の顔に「執着心」を持っていることに気づかされます。

プロとして最高のメイクをして、その人の持つ魅力を最大限に際立たせても、受け入れてもらえない場合もよくあります。

コンプレックスを気にする人、年齢による変化を気にする人……。中でもその傾向が強いのは、意外と、生まれつき美人だったり可愛かったりする人のような気がします。言葉にはしないものの、「過去の自分と変わらない」自分を理想にしているように見えるんです。でも、それでは新しい顔は手に入らない。

魅力を考えるとき、他人との比較は意味をなさないけれど、過去の自分と比較するのも、同じくらい意味をなさないと思うの。だって、過去の自分は他人と同じだもの。

新しいことに挑戦するための瞬発力と持久力を養っていること。新しい顔に出会うときめきと余裕を持ち続けていること。すると、年齢は味方になる。経験がそのまま魅力に変わる。そう、井川さんのように。

「生まれ変わったら、井川遥になりたい」という人へ。私も想像してみました。でも……、たとえそうなっても、井川遥を「もてあます」んじゃないかなあ。井川遥は井川遥にしか「使いこなせない」。それが結論!

メイクをしてもしなくても、「自分」であればいい

眉尻の位置をほんの少し変えてみたら、「なんか、いいじゃん」。

この色、どんな感じ？　と口紅を塗ってみたら、「私、結構、似合うかも」。

すると、ちょっと、コーヒーでも飲みに行っちゃおうかなあ？　となる。

カフェに行く途中で、誰かに会うかもしれないし、洋服屋さんに入ったら、その顔に似合う服を発見するかもしれない。

そうしたらまた、自分の顔にメイクするのが、楽しくなる……。

私の話です。

あえて自分を褒めるなら、こんなふうに思えることが、すなわち、「次のステージ」に進んだという証だと思うんです。

私は、プロのメイクアップアーティストとしてたくさんの顔にメイクしてきたけれ

ど、見慣れた自分の顔にメイクをしてもまだ、毎回、新しい発見があります。

そして、新しい発見が、自分への興味につながって、少しずつ少しずつ自信になっている気がしています。

メイクをするたび、自分の顔、結構好きだよ。自分の人生、結構好きだよ。ああ、大人になるって、楽しい！　心の中でそうつぶやいているんです。

「せっかく、自分なんだもの」という、自信

個性や多様性を重んじる時代。そして、情報が一瞬で世界をくるりと回ってしまうような時代。

今までよりも自由を与えられていると同時に、今までよりも責任が求められる時代になったことをひしひしと感じています。だからこそ、きょろきょろとまわりの様子をうかがっていては、前に進めなくなると思います。

誰かのせいや何かのせいにしていると、取り残されるどころか、後退してしまうこ

とにもなりかねないと思うのです。

自分をもっと信じていいんじゃないかなあ。

「いいか悪いか」でなく「正しいか間違っているか」でもなく、「好きか嫌いか」に正直でいいと思うんです。

だって、せっかく、自分なんだもの。

私のメイクのファンと言ってくれる友人が、ディファインメイクをマスターしてから、メイクが楽しくなったと言ってくれました。そして、こう続けたんです。

「それだけじゃない。ノーメイクさえも楽しいと感じるようになったの。ノーメイクもメイクのひとつって思えるようになった、っていうのかなあ？　これって、メイクで『今日の私』を主張できるようになった、ってことだよね」

なんという、褒め言葉！

ノーメイクでも、自分の顔が好きって言えたら、最高。

「Congratulations!」

ディファインメイク講座、はい、修了です！

おわりに

若いころ、自己表現の手段として「メイクアップ」の力に助けられました。自分の可能性を広げてくれたメイクの存在に魅了され、プロのメイクアップアーティストになりました。でも……、メディアの仕事をするようになってほどなく、私は、縛られた狭い美を求められ、純粋にメイクを楽しめなくなったことがあります。その人自身の魅力にフォーカスするのではない、自分の価値観とはまったく逆のものを求められ、苦痛になってしまったのです。それは、「好き」を仕事にしたジレンマでもあるのだけれど。

メイクはその人の顔があって初めて成立するもの。まったく違う理想にはめ込むと、途端に魅力が消えてしまう。飽きたら次の顔、飽きたら次の顔とただ「リプレイスメント」を繰り返すだけでは、魅力が育たない。それではあまりに残念だと思うのです。

洋服もメイクも立ち居振る舞いも、その人に馴染んでないと不自然に感じませんか？　メイクのテクニックでその人をよりきれいに見せることは簡単だけれど、そんな表面的なメイクで魅力は創れないと思うんです。まわりに気持ちよさと笑顔を巡らせる、内面の魅力にメイクは勝てないんじゃないかって。

人生、それぞれに嬉しいことも辛いことも起こるはず。でも、その捉え方によって、すべてが変わります。洋服なら自分への取り入れ方、顔で言えば自分の顔の受け入れ方。少しの差が大きな差を生むと思うのです。だから、小さな「嬉しい」をたくさん見つけて大きく大きく育てること。それは言葉で言うほど簡単ではないけれど、自分に正しく期待して存分に楽しむことができれば少しずつ少しずつ、自分の中で巡り始めるはずなのです。

大切なのは、自分自身が持つすべてを出し切って生きることなのではないでしょうか？　たとえば、第４章で触れた井川遥さんのように。まっすぐ素直に先入観を持たず進むことで、リミットは自ずと外れる。それがやがて、自信に変わるのだから。

意志を持って自分に寄り添い、すべてを選び取る責任と、変化を楽しめる柔軟性が、その人を強くします。つまりは、すべての経験を美しさに変えられる力。それが真似のできないその人だけの魅力になる。だから、年齢を重ねることを強みにできる人は、最強だと思うのです。ものごとの本質は、近づくほどに限りなくシンプル。武装することでも仮面をかぶることでもなく、人と比べたり、人を気にしたりすることでもなく。その人自身の本質の「純度」をどこまで上げられるかでしかない……。そう。美しさとはその人らしさが生んだ強さに違いないのです。

幸運なことに、私のまわりには大人の魅力は育むものと真正面から見せてくれる人がいます。彼女たちを見ているだけで、私は勝手に反省したりひらめいたり気づかされたりとたくさんのことを教えてもらっています。そんな美しさの「根本」を探ることは有意義で、結果、自分を救うことに繋がると思うのです。不器用

でもまっすぐ自分らしく生きることが、自分に本当の自由をもたらす。自由は人から与えられるものではなく、自分で得るもの。

そう確信しています。

美しさの基準は変わり始め、それを受け入れ進んでいく人と、従来の型に囚われたままの人と、二極化が進んでいる今。そんな時代だからこそ、この本の言葉がたくさんの人に届いてほしいと思うのです。自分を大事にしたいのに、自分を生かし切れていない人へ。未来の自分のために。あるがままの「私」を受け入れ、認め、努力することを楽しめれば、最高に幸せなはず！　ひとりでも多くの人にとって、ディファインメイクがそのきっかけになれば、こんなに嬉しいことはありません。

水野未和子

メイクアップアーティスト。オレゴンに留学後、イギリスに渡り、London College of Fashionでメイクアップを学ぶ。卒業後、フリーランスのメイクアップアーティストとしてロンドンでキャリアをスタートし、帰国後は「VERY」「anan」「Marisol」「LEE」「éclat」「MAQUIA」「&ROSY」「GLOW」「CLASSY.」など多くの雑誌や、KOSÉ、POLAなどの広告、CMなどでメイクアップを手がける。人によって違う、その人だけの魅力をディファイン（明確に）するメイクに定評があり、数々の女優やモデルが厚い信頼を寄せる。3rd所属。
Instagram @mizuno.miwako

ディファインメイクで自分《じぶん》の顔《かお》を好《す》きになる
“私《わたし》だけの魅力《みりょく》”が絶対見《ぜったいみ》つかる自己肯定《じここうてい》メソッド

2020年10月28日　第1刷発行

著者　水野未和子《みずのみわこ》

発行者　渡瀬昌彦
発行所　株式会社 講談社
〒112-8001
東京都文京区音羽2-12-21
編集 ☎03-5395-3814
販売 ☎03-5395-3606
業務 ☎03-5395-3615
印刷所　大日本印刷株式会社
製本所　株式会社国宝社

STAFF
メイクアップ　水野未和子
モデル　井川遥
撮影　岡本充男
ヘア　Kazuki Fujiwara（Perle Management）
スタイリスト　斉藤くみ
装丁・デザイン　眞柄花穂（Yoshi-des.）
イラスト　IKULA
取材・文　松本千登世
著者ポートレート撮影　目黒智子

ISBN 978-4-06-521312-4